定向越野教程

主　编　景　旺　王　龙　刘　阳
副主编　李　伟　刘静如

西北工业大学出版社

西安

【内容简介】 本书是为高等学校体育类课程"定向越野"编写的配套教材,共分10章,内容包括:定向越野概述,定向越野起源与发展,定向越野地图和指北针,定向越野基本技能,定向越野运动员技能素质训练,定向越野户外常识,定向越野专项知识分层教学设计,定向越野比赛,定向越野竞赛准备以及定向越野课程教学案例。附录为《国际定联短距离制图规范》和《检查点说明符号》。

本书既可作为体育类相关专业的课程教材,也可供体育爱好者阅读参考。

图书在版编目(CIP)数据

定向越野教程 / 景旺,王龙,刘阳主编. — 西安 : 西北工业大学出版社,2024. 11. — ISBN 978 - 7 - 5612 - 9664 - 6

Ⅰ. G826

中国国家版本馆 CIP 数据核字第 2024MA6098 号

DINGXIANG YUEYE JIAOCHENG

定 向 越 野 教 程

景旺 王龙 刘阳 主编

责任编辑:蒋民昌	策划编辑:蒋民昌	
责任校对:杨 军	装帧设计:高永斌 董晓伟	

出版发行:西北工业大学出版社

通信地址:西安市友谊西路 127 号　　　　　邮编:710072

电　　话:(029)88491757,88493844

网　　址:www.nwpup.com

印 刷 者:西安五星印刷有限公司

开　　本:710 mm×1 000 mm　　　　1/16

印　　张:12.875

字　　数:252 千字

版　　次:2024 年 11 月第 1 版　　　2024 年 11 月第 1 次印刷

书　　号:ISBN 978 - 7 - 5612 - 9664 - 6

定　　价:55.00 元

如有印装问题请与出版社联系调换

前　　言

随着国家体育教育改革之潮滔滔而进,高等教育体系之阶层层而升,以顺应革新之思。党的二十大报告强调,要把加快建设中国特色、世界一流的大学和优势学科作为重中之重。其中更为重要的是站在强国建设、民族复兴的高度,加快推进高等教育内涵式、高质量发展,以高等教育现代化引领支撑教育现代化和中国式现代化。

为进一步强化教育的"价值塑造、知识养成、能力锻炼、文化涵育"协同发力,在坚持"两性一度"(高阶性、创新性、挑战度)的教育原则下,"高精尖缺"教学教程成为打造高质量课程的文化核心。本书以定向越野项目为主,它是智力与体力相辅相成的运动。定向越野需要通过地图识别、指北针运用、生存技巧与户外急救等方面的研习,使学生掌握基本的定向越野技能,保障生命安全、积淀身心健康。图地对照等讲解方法,能让学生熟练通晓定向越野项目的基本知识、技能以及户外急救的技能,为课程学习筑牢坚实的理论基础。定向越野教学,亦能提高学生的专业知识,提升其在分析问题、解决问题时运用辩证、创新、系统思维的意识与水平。至此,定向越野展示出其育人、育体之成效。

定向越野项目作为我国军事体育的重要组成部分,在课程专业建设的大背景下,通过基本理论以及地图信息识别、方位判定等基本技能的协同发力,致力于培养学生拥有健康的体魄、健全的人格、奋斗的精神和担当的责任。正如有关政策所强调,惟改革者进,惟创新者强,惟改革创新者胜。创新是推动发展的强大动力,定向越野凭借其区别于其他体育项目的独特之处,有望成为体育课程改革与创新的"新突破"。在中国特色社会主义步入新时代的现今,应始终坚守育人为本、德育为先的理念,坚决贯彻以"体"育人、以"文"化人的原则,切实凭借定向越野所具有的独特且丰富的学科文化,全方位、多角度地为学生强健身体、培育心灵、树立德行、铸就灵魂服务,助力学生实现全面而卓越的发展。

本书直面教育者的核心问题,重点聚焦于定向越野的基础知识、实践技巧以及教学案例等相关内容。它将知识体系进行了结构化与分层化的详尽阐述,深入剖析了该项目在身心锻炼方面所独具的教育价值,深入探究了定向越野体育课程的实践路径,并以课程基础概述作为重点,对完整的课程发展脉络进行了梳理,了解了同行在定向越野体育课程方面的发展情况。

在基础知识部分,首先,以国内外定向的历史作为引导,夯实学生对定向越野课程发展脉络的认知,实现对历史发展逻辑的探寻;其次,对定向越野器材的使用方法予以详细介绍;最后,从方向辨别、识图用图、路线决策等定向越野核心技术以及户外急救常识等领域,全面且系统地阐释定向越野的相关概念、技战术等核心价值。在实践技巧部分,首先,以课程理论作为基础,继而构建精细化的教学与训练实施体系,形成教学指导方案,为定向越野课程提供设计思路;其次,为提升专业知识及专项竞技水平,推动进阶发展课程的专业化,从选才、身心素质训练等角度增强定向基础实践和专项实践能力。在教学案例部分,将定向越野项目的特点与课程内涵相融合,同时深度挖掘思政元素,结合不同的时政热点来完成课程设计,为教学内容提供多样选择,通过不同主题的定向教学案例来解析课程的教学目标、内容、结构及设计思路,为一线教师提供实现定向越野"立德树人"目标的指导性案例。

本书由西北工业大学的景旺、王龙以及陕西师范大学的刘阳担任主编,由渭南师范学院的李伟、西安邮电大学的刘静如担任副主编。其中,第一、二章由景旺编写,第三、四章由王龙编写,第五、六章由刘阳编写,第七、八章由李伟编写,第九、十章由刘静如编写,全书的审核工作则由景旺、王龙和刘阳负责。

在编写本书过程中,我们参阅了大量资料与文献,在此向其作者表示感谢。

课程建设正如旭日东升般蓬勃发展,其理念、内涵与模式在时代的浪潮中不断深化和演进。诚然,我们在课程建设这一领域的认识和实践仍处于持续探索与逐步提升的阶段。故而,在本书的编写过程中,或许不可避免地存在一些不当乃至疏漏之处。在此,我们诚望广大读者能够不吝赐教,提出宝贵的意见和建议,以助力我们在今后对本书进行更加完善和精准的修订。

编　者

2024 年 7 月

目　　录

第一章 定向越野概述

定向越野是一项结合体力和智力的户外运动,它要求参与者使用地图和指北针,在尽可能短的时间内找到定向越野地图上所标记的检查点。这项运动不仅考验参与者的运动技能,还考验他们的决策能力、导航能力、体力和速度。总的来说,无论在国际上还是在我国,定向越野都以其独特的魅力和挑战性,吸引了广泛的参与者及关注者。

第一节 定向越野的定义、内涵、分类及形式

一、定向越野的定义及内涵

(一)定向越野的定义

国际定向越野联合会(Internationol Orienteering Federation,IOF,见图 1 - 1)在《徒步定向赛事规则》(2004 年版)中,徒步定向或定向越野(Foot Orienteering)被定义为一项参与者借助地图和指北针,以徒步越野跑的形式,在最短的时间内按照一定的顺序到达若干个被同时标记在地图上和地面上的检查点的运动。该运动既可以在风光秀丽、空气清新的森林、山地和公园中进行,也可以在校园和街区中开展。

图 1-1 国际定向越野联合会标志

我国定向越野通常在森林中举行,也可以在公园、校园,甚至城市街头举行;定向越野容易设计出满足不同年龄、性别、体能和定向技能水平参赛者需要的比赛路线,因此参与定向越野很少受到条件限制。定向越野是一种个人体验型运动,主要是在森林、村庄、校园和公园中进行,不论是现场观赏,还是电视转播都受到很多限制,因此除了亲身体验,观众很难体会到其中的挑战、刺激和乐趣。定向越野地图包括一个起点(用三角形表示)、一个终点(用双圆圈表示)和一系列点标(用单圆圈表示)。每个单圆圈旁边数字代表检查点的序号,这些点已在地图上用数字标明,如图1-2所示。

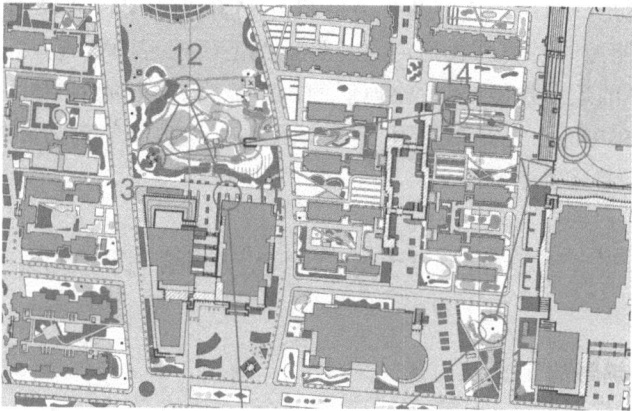

图1-2　定向越野地图

(二)定向越野的内涵

(1)定向越野是一项使用指北针(见图1-3)和专门绘制的布满地形细节的地图,寻找目标点的运动。

(2)定向越野就是用尽可能短的时间,找到比赛路线中所有检查点。比赛路线由一个起点(用三角形表示)、若干个检查点(用单圆圈表示)和一个终点(用双圆圈表示)组成。如图1-4所示。

(3)定向越野的检查点放在比较明显的特征旁,同时在地图上使用红色的圆圈表示。

(4)每一个检查点的位置上有一个点标旗,每个检查点都有一个号码,同时设置有打卡器(有电子和针式两种),如图1-5所示。

(5)参加定向越野比赛时,参赛者会拿到地图、检查点说明表、指卡。检查点说明表是用来告知参赛者每个检查点的具体点位和号码的一个列表,一般印刷在比赛的地图上。有的比赛会提前发给参赛者,或在比赛现场中发放。

（6）在定向越野中,参赛者的主要目的是尽可能快地找到检查点,因而点与点之间的路线选择就是为了能更快地找到检查点。体力最好的参赛者不一定能获得冠军,获得冠军的参赛者都是体能与技能结合较好的人。

图 1-3　指北针

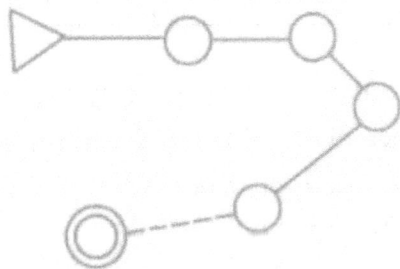

图 1-4　定向越野比赛路线

图 1-5　定向比赛点标旗

（7）定向越野是个性化的运动,要求参与者能保持较长时间的注意力关注自己的路线选择,并控制自己选择的路线。

二、定向越野的分类及形式

（一）定向越野分类

按照 IOF 定向越野规则,定向越野可以根据比赛时间、比赛性质、比赛成绩的计算方法、比赛距离等进行分类。以按顺序到访检查点为基础,对 IOF 认可的定向越野项目进行分类,见表 1-1。

表 1-1　定向越野的分类形式汇总表

定向越野分类形式	种类
依比赛时间分类	日间赛和夜间赛
依比赛性质分类	个人赛、接力赛和团体赛
依比赛成绩计算方法分类	单程赛、多程赛和资格赛
依比赛距离分类	短距离冲刺赛、中距离赛、长距离赛和其他距离赛

事实上，目前 IOF 在最新的规则中，正式赛事只使用几个项目，如图 1-6 所示。图 1-6 中的长距离、中距离与我国目前举行的正式比赛中的标准距离和短距离相对应。根据定向越野的定义，我们还可以开发出多种多样符合定义的定向运动项目。

$$\text{按规定的顺序依访检查点} \begin{cases} \text{单程赛} \\ \text{资格赛} \\ \text{接力赛} \\ \begin{cases} \text{短距离} \\ \text{中距离} \\ \text{长距离} \end{cases} \end{cases}$$

图 1-6　IOF 正式赛事比赛项目类型

(二)定向越野形式

定向越野运动展现出多样化的形态，依据其运动特征，IOF 将这一活动细分为多个类别，包括徒步定向、山地自行车定向(Mountain Bike Orienteering)滑雪定向(Ski Orienteering)、轮椅定向(Trail Orienteering)以及国际上的其他定向运动形式。在这些形式中，徒步定向作为定向越野的标志性类型，不仅是其最原始和基础的展现，也是推动定向越野运动不断发展的核心力量与起点。这样的分类不仅体现了定向越野的广泛适应性，也凸显了其在不同运动场景下的独特魅力。

1.徒步定向运动

徒步定向运动是一项考验参赛者综合能力的赛事，参赛者需依据主办方预先设定的检查点、地图以及指北针，通过个人分析判断，自主规划行进路线，逐一寻找并到访各个检查点。比赛以耗时最短完成全程者为胜，这种竞技方式既简便又广泛流行于各类定向越野之中。徒步定向的魅力在于，其胜负不仅取决于参赛者解读地图与利用指北针的能力，还深受其野外奔跑技巧的影响，因此，它是一项跨越性别与年龄界限的运动,适合各年龄段人群参与。据国际资料显示,徒步定向越野的参与者年龄跨度极大,既有年仅8岁的孩童,也有年逾90的长者,真正实现了老少咸宜。此外,徒步定向越野还可细分为野外定向、百米定向、夜间定向和校园定向等多种形式,进一步丰富了其活动场景与参与体验。夜间定向(Night Orienteering)是定向运动难度较高的一种比赛形式。第一届世界夜间定向锦标赛于1986年10月27日、28日在匈牙利举行。IOF徒步定向标志如图1-7所示。

图1-7 徒步定向标志

2.山地自行车定向运动

山地自行车定向运动是集定向越野与山地自行车运动于一身的体育运动,比赛成败取决于路线的选择、记图及山地自行车技巧(2002年开始每两年一次),如图1-8所示。

图1-8 山地自行车定向运动

3.滑雪定向运动

滑雪定向运动可以按个人、团体或接力比赛等形式进行,如图1-9所示。同一比赛路线的滑道设计有多条路线,可供选手自行选择。滑雪定向运动在东欧国家比较流行。

图1-9 滑雪定向运动

4.轮椅定向运动

轮椅定向运动原来是专为残疾人士特别设计的定向运动形式,发展到今天它既可以让乘坐轮椅的残疾人士加入定向运动中来,也可以供新手进行定向基本技术训练。

5.其他定向运动

国际上还流行着一些其他的定向运动形式,列入IOF正式比赛项目的有:

(1)接力定向运动(Relay Orienteering)。在全球范围内,定向运动以其多样化的形式广受运动爱好者欢迎,其中不乏IOF所认证的正式竞赛项目。其中一项引人注目的便是接力定向运动,它作为团体竞技的典范项目,其胜负不仅取决于每位队员的个人实力,更在于团队间的默契与协作。在接力定向运动比赛中,赛道被精心划分为数个赛段(国际赛事中常为四段),每位队员需独立完成各自负责的赛段,其成绩累加后形成团队总成绩。为了增强比赛的观赏性与观众参与感,赛事组织者会在场地内设立一个"中央交接区",作为各段选手间进行"换段"交接的地点,此过程以触手接触的方式完成,无需接力棒,这一独特设计使得接力定向运动在竞技性与观赏性上均达到了新的高度,因此被IOF正式纳入其竞赛体系之中。

(2)百米定向运动(Sprint Orienteering)。百米定向运动作为定向运动领域的一颗新星,以其独特的魅力迅速崛起。经过全国定向冠军赛的验证,该项目不仅观赏性强、技术要求高,还具备易于参与和组织的特点。它能够有效锻炼运动员的反应速度与奔跑能力,同时融入趣味性与识图技能的培养,因此备受定向运动界的青睐与推崇。

(3)夜间定向运动(Night Orienteering)。夜间定向运动是一项极具挑战性的比赛形式,其难度因夜间视线受限而大幅度增加。然而,正是这种特殊的环境设置,为比赛增添了无与伦比的吸引力与刺激性,不仅考验着选手的定向技能与体能,也极大地提升了观众的观赛体验。夜间定向已被 IOF 正式纳入比赛项目,首届世界夜间定向运动锦标赛于 1986 年在匈牙利成功举办。

(4)记分定向运动(Score Orienteering)。记分定向运动以个人竞技为主,其独特之处在于比赛区域内散布着众多检查点,每个点根据其地理位置、难度及与其他点的关系被赋予不同分值。选手需在限定时间内自主选择并访问检查点,最终以累积得分最高者判定为胜。这种比赛形式既考验选手的定向技能,又考验其策略规划与时间管理能力。

(5)专线定向运动(Line Orienteering)。与其他定向比赛不同,专线定向运动在地图上明确标注了比赛路线,要求选手严格按照这些既定路线行进,并在途中将所遇检查点的位置准确标注于地图上。比赛成绩依据检查点标注的精确度与完成时间综合评定,这种比赛形式不仅考验选手的定向运动能力,还对其地图解读与标注技能提出了更高要求。

(6)五日定向运动(O-Ringen 5-days)。作为瑞典独有的特色赛事,五日定向以其长达五天的赛程和丰富的比赛内容吸引了全球众多选手的参与。比赛路线由多个独立段落组成,每段均记录个人成绩,最终汇总得出总成绩。在漫长的赛程中,不仅设置了众多检查点,还配备了多个营地供选手与观众休息娱乐,享受丰富多彩的文化活动。近年来,瑞典五日定向赛事频繁举办,参赛选手规模庞大,远超任何一届奥林匹克运动会的参赛人数,成为定向越野运动领域的一大盛事。

第二节　定向越野的特点及价值

一、定向越野的特点

(1)定向越野运动这一融合了马拉松的耐力挑战与国际象棋策略智慧的竞技项目,深刻诠释了智力与体力并重的运动精髓。世界冠军的这句精辟总结,道出了定向越野的核心魅力:它要求参赛者在复杂多变的环境中,不仅要具备出色的奔跑能力,更需拥有敏锐的洞察力、精准的判断力以及果断的决策力,以应对突如其来的挑战,展现出卓越的应变能力。

（2）定向越野运动的另一大亮点在于其广泛的年龄包容性,无论是3岁稚童还是耄耋老人,都能在这片充满未知的赛场上找到属于自己的舞台。这种跨越年龄界限的参与性,让定向运动成为一项具有真正意义上的全民运动。

（3）在场地选择上,定向越野运动同样展现出其灵活多变的一面。从郁郁葱葱的森林到崎岖不平的郊外山地,从风景如画的公园到热闹非凡的街区,乃至校园内的一方操场,都能成为定向越野运动的舞台。这种对场地要求的低门槛,使得定向运动能够轻松融入各种环境,为参与者带来别具一格的"寻宝"体验,极大地激发了人们的运动热情。

（4）值得一提的是,定向越野运动还以其强大的参与性和智能性吸引了全球范围内的众多爱好者。作为世界上参赛人数众多的比赛项目之一,每年在瑞典举行的五日定向越野赛更是成为定向运动爱好者们的盛大聚会,吸引着来自世界各地的约两万名选手同台竞技,共同享受定向运动带来的乐趣与挑战。

综上所述,定向越野运动以其独特的魅力,将智力与体力、挑战与乐趣完美融合,成为一项备受推崇的体育运动。它不仅考验着参与者的身体素质和心理素质,更在无形中提升了人们的地理知识、测绘技能以及战略思维,是一项集健身、娱乐、教育于一体的综合性运动项目。

二、定向越野的价值

定向越野运动,作为一种集健身、益智与社交于一体的新兴体育项目,正逐渐展现出其独特的魅力与深远影响。

（1）定向越野运动显著提升了参与者的肌体运动能力。在东南大学等高校中,不少原本自认为难以完成800 m跑的女生,在接受了定向越野课程的培训后,竟能轻松跑完直线距离达3 000 m的越野路线。这得益于定向运动作为有氧运动的本质,它让参与者在享受自然风光、呼吸清新空气的同时,通过持续的奔跑锻炼心肺功能,增强体力。而运动中需要不断读图、辨向、选路的过程,更是无形中分散了注意力,让锻炼变得不再枯燥乏味,从而在不知不觉中提升了肌体运动能力。

（2）定向越野运动对于心理素质的锻炼同样不可小觑。在个人单独完成比赛的挑战中,无论是在幽静的森林还是喧嚣的校园,参与者都需学会排除干扰,迅速而准确地做出判断与选择。这种在逆境中独立解决问题的经历,不仅锻炼了他们的意志品质,还增强了心理素质,使他们在面对未来生活的各种挑战时更加从容不迫。

（3）定向越野运动还是一门跨学科的综合实践活动。它要求参与者掌握地理学、自然知识以及定向技能等多方面的知识。从读懂地图到灵活使用指北针,从野外生存技巧到动植物保护意识,每一项技能的学习都是对参与者综合素质的提升。这种综合性的学习方式,不仅拓宽了他们的知识面,还培养了他们的实践能力和创新精神。

(4)定向越野运动在提升社交价值方面也展现出了独特的优势。在如今独生子女居多的社会背景下,许多学生缺乏与他人交往的机会和能力。而定向越野运动作为一种团队与个人相结合的体育项目,为学生提供了一个相互交流、相互合作的平台。在比赛中,他们需要与队友默契配合,与对手公平竞争,与观众互动分享,这些经历无疑将丰富他们的社交经验,提高他们的社交能力。同时,定向越野运动所倡导的公平竞争、团结协作的精神也将对他们未来的学业、就业乃至人生道路产生深远的影响。

思考与练习一

(1)定向越野运动的形式有哪些?

(2)依据定向越野运动的特点,简述定向越野运动对学生身心健康的作用。

第二章　定向越野起源与发展

定向越野起源于瑞典军营中,起初作为军事体育活动,随后逐渐发展成为国际性的体育项目,是一项利用地图和指北针在未知地带寻找检查点的体育运动。在我国,定向越野作为新兴体育项目,也得到了迅速发展,许多高校如西北大学、西安邮电大学、陕西师范大学等均开设了定向越野课程,深受学生喜爱。定向越野的开展形式多样,包括徒步定向、滑雪定向、山地自行车定向、轮椅定向以及公园与城镇定向等。高等院校常见定向越野运动为校园定向。

第一节　国外定向越野开展

一、定向越野的起源

定向越野运动这一充满挑战与探索精神的运动,其根源深深扎根于北欧那片广袤而神秘的土地上。早在 19 世纪末的瑞典军营中,当"定向(orient)"一词首次作为军事术语出现时,它便承载了士兵们穿越未知地域、克服自然障碍的坚定意志与高超技能。那时的北欧,森林覆盖广袤,湖泊沼泽星罗棋布,城镇乡村散布其间,形成了极为复杂多变的地理环境。在这样的自然背景下,掌握定向越野运动技术,即利用地图与指北针在陌生地带中安全穿行的能力,对于军队而言,无疑是至关重要的军事训练内容。

随着时间的推移,定向越野逐渐超越了军营的界限,于 20 世纪初开始走进公众的视野。这一转变的推动者,正是斯德哥尔摩业余运动协会的主席、瑞典童子军的杰出领袖——E·吉兰特少校。他敏锐地洞察到了定向越野所蕴含的体育竞技价值与休闲娱乐潜力,并致力于将其打造成为一种广受欢迎的大众运动形式。

1918 年,吉兰特少校的一次大胆尝试——"寻宝游戏"活动,犹如一颗火种,迅速点燃了人们对定向越野的热情。这场活动不仅考验了参与者的体力与智力,更激发了他们探索未知、挑战自我的勇气与决心。活动的成功举办,无疑为定向越野的普及与推广奠定了坚实的基础。

1918年3月25日,在风景如画的Saltshebaden镇,吉兰特少校精心策划并组织了历史上第一次正式的大型定向越野比赛。这场比赛的举行,标志着定向越野正式从军营走向社会,成为一项备受瞩目的新兴体育项目。它不仅吸引了众多运动爱好者的积极参与,更在全球范围内掀起了一股定向越野的热潮。

如今,定向越野运动已经发展成为一项集健身、益智、探险于一体的综合性运动项目,其影响力早已跨越国界,深受世界各地人们的喜爱与追捧。而这一切的起点,正是那个充满挑战与机遇的北欧时代,以及那些勇于探索、不懈努力的先驱者们。

二、定向越野的发展

到20世纪20年代,定向越野运动在北欧地区已有了良好的基础,得到了较好的发展,并开始正式向外传播。1946年,瑞典、芬兰、挪威和丹麦成立了世界上第一个定向越野运动合作组织——北欧定向理事会,后来它成了推动IOF成立的核心力量。1959年,在瑞典召开了有11个国家参加的国际会议,主题是讨论成立IOF。两年后,在丹麦首都哥本哈根的另一次国际会议上,IOF宣告成立,成员国包括瑞典、芬兰、丹麦、挪威、瑞士、东德、西德、捷克、匈牙利、保加利亚等10个国家。随后的几十年里,英国、苏联、加拿大、澳大利亚、法国、日本等国相继引进了定向越野运动。1946年,瑞典运动员B·Kjellstrom将定向越野带到美国,并为定向越野在北美的推广与发展作出了巨大的贡献,被后人尊称为北美定向越野之父。从此定向越野运动在西方国家得到了蓬勃的发展。截至2004年,IOF的成员组织已达到62个,在全世界各地拥有超过400万人的定向越野爱好者。在定向越野发源地北欧地区,拥有超过1 000家的俱乐部。定向越野在瑞典成为仅次于"世界第一运动——足球"的第二大运动,瑞典已建立起比较完善的科学、教学、训练和比赛体系,平均每天有3场定向越野比赛,定向越野运动也被列入学校的课程体系中。瑞典成为世界各地定向越野运动员训练、比赛的圣地,目前有许多国家队运动员长期居住在瑞典的俱乐部中进行训练和比赛。

多年来,IOF以其不懈的努力与坚持,成功地将定向越野这项独特的运动项目推向了世界舞台的中央,并致力于实现其成为奥运会正式比赛项目的宏伟目标。

1978年,是国际定向运动发展历程中的一个重要里程碑。这一年,IOF凭借其卓越的贡献与广泛的国际影响力,正式获得了国际奥林匹克委员会的官方认可。这一历史性事件不仅标志着定向越野项目正式被接纳为奥林匹克大家庭的一员,也为其后续在全球范围内的普及与发展奠定了坚实的基础。

随着时间的推移,定向越野项目国际地位日益提升。1998 年,在日本举办的冬季奥林匹克运动会上,定向越野项目终于迎来了它的高光时刻——作为比赛项目正式亮相。这一突破性的进展不仅极大地提升了定向越野运动知名度与影响力,也进一步激发了全球范围内对这项运动的热情与关注。

在定向越野的发展过程中,科学技术的发展对推动定向越野起到了不可忽视的作用。1933 年,Silva 公司开发出测量更加精确、反应更加灵敏的测角器型充液指北针,其为定向越野项目的发展与提高发挥了重要作用。测绘技术的发展也为定向越野项目的发展起到了巨大促进作用。早期定向越野运动使用的地图比例尺非常大,既不详细也不准确。随着定向制图技术的发展,在比赛中对定向越野运动员的技术和体能要求也是越来越高,只有体能和技术结合较好的运动员才有机会赢得比赛。电视等传媒的介入也加快了定向越野项目的传播速度,1999 年在挪威的奥斯陆,为了庆祝奥斯陆古堡创建 500 周年,挪威国家电视台对在古堡中举行的一场世界公园定向组织(Park World Tour,PWT)的定向越野赛事进行了全程直播。2001 年第十九届定向越野锦标赛在芬兰举行。在比赛中,芬兰国家电视台首次对野外的定向越野赛事使用卫星电视进行全程直播,同时第一次使用 GPS 跟踪运动员的运动轨迹,使芬兰全国的观众不用到赛场,只需要在家中就能看到比赛的盛况。

进入 21 世纪,定向越野项目国际化进程持续加速。2001 年定向越野项目成功入选世界运动会(World Games)的比赛项目名单。世界各地的定向越野顶尖运动员同场竞技,共同展现定向越野项目的魅力与风采。这一系列的成就不仅是对定向越野运动价值的高度认可,也是对其未来发展潜力的充分肯定。

近年来,国际上的定向越野赛事频繁,其中包括每两年一次的世界定向锦标赛、定向越野世界杯、定向滑雪越野锦标赛等。2024 年,国际定向越野运动继续活跃,如在匈牙利举行的欧洲锦标赛和 2024 年世界定向越野巡回赛,吸引了众多选手参与。

第二节 国内定向越野开展

一、定向越野的起源

定向越野运动在我国的传播与发展,是一段充满探索与创新的历程。其最初的种子,是由一群热爱自然、勇于挑战的香港定向越野运动爱好者播下的。1979 年 3 月,香港野外定向会的成立,标志着定向越野这项运动正式在香港落地生根。随后,在驻港英军、皇家警察定向协会以及众多定向爱好者的共同努力下,1982 年,香港野外定向总会应运而生,汇聚了包括香港野外定向会、香港童子军总会、香港大学野外定向会等在内的 18 个属会,形成了强大的组织力量。同年,香港野外定向总会成功加入 IOF,标志着香港定向越野运动正式与国际接轨。

在我国内地,定向越野的推广与普及同样得到了部队院校、中国测绘学会、体育系统以及教育系统的鼎力支持。这些机构和组织不仅为定向越野运动提供了专业的技术支持与人才储备,还通过举办赛事、培训教练、推广知识等多种方式,激发了广大民众对定向越野的兴趣与热情。在他们的共同努力下,定向越野运动在我国逐渐从一项鲜为人知的运动发展成为广受欢迎的体育项目,其参与人数不断增加,竞技水平也稳步提升。

经过数十年的发展与积累,我国定向越野已经具备了较强的国际竞争力。越来越多的我国选手在国际赛场上崭露头角,取得了优异的成绩。同时,我国还成功举办了多场高水平的定向越野赛事,吸引了来自世界各地的运动员前来参赛。这些成就不仅展示了我国定向越野运动的蓬勃发展态势,也为我国定向越野走向世界前列奠定了坚实的基础。

二、定向越野的发展

定向越野首先在部分部队院校中,借助一些有限的定向越野资料开展起来的。1983 年 3 月,中国人民解放军体育学院在广州白云山举行了一场"定向越野试验比赛";同年 5 月,解放军后勤工程兵学院在重庆南山举行了另一场定向越野比赛。1987 年 3 月到 1991 年 3 月间,《国际定向越野制图规范》《国际检查点说明符号》《定向越野》《定向越野指导》《国际定向越野竞赛规则》《定向越野竞赛规则》等相继出版。1986 年 12 月到 1991 年 6 月间,中国测绘学会、体育系统、教育系统先后举办了全国性的定向越野教练员培训班。

1991 年 12 月,国家体委批准成立"中国定向越野委员会",定向越野从此作为一种体育项目在国内有了自己的组织。1992 年 7 月,中国成为国际定联成员国。1995 年,"中国定向越野委员会"更名为"中国定向运动协会(Orienteering Association of China,OAC)"。中国定向运动协会标志如图 2-1 所示。

中国定向运动协会的成立,无疑是中国定向运动发展历程中的一个重要里程碑。它不仅标志着中国在定向越野领域有了自己的官方组织,更为后续的推广、普及和规范化发展奠定了坚实的基础。

自协会成立以来,中国定向越野运动迅速在全国范围内蓬勃展开。1994 年举办的首届全国定向越野锦标赛,不仅激发了广大运动员的参赛热情,也为中国定向越野赛事体系的建立拉开了序幕。此后,全国定向越野锦标赛逐渐成为每年一次的全国性最高级别赛事,吸引了众多优秀选手的参与,推动了中国定向越野竞技水平的持续提升。

图 2-1 中国定向运动协会标志

随着定向越野运动的不断发展,其商业化运作也逐渐成为行业内的热点话题。2001 年,在湖南大学召开的全国定向越野发展战略研讨会上,定向越野商业化成为重要议题之一。这一讨论不仅为定向越野运动的未来发展指明了方向,也为赛事的多元化融资和市场化运作提供了有益的思路。

为了培养专业的制图人员,中国定向越野协会还于 2001 年在北京首都师范大学举办了首届定向越野制图员培训班。这一举措不仅提升了国内制图人员的专业技能水平,也为定向越野赛事的规范化和标准化提供了有力保障。同时,为了规范定向越野运动的开展,中国定向越野协会还制定或修订了一系列规范性的文件。这些文件涵盖了赛事组织、裁判管理、运动员选拔等多个方面,为定向越野赛事的规范化和水平的提高奠定了坚实基础。

我国定向越野运动也取得了显著成绩。2002 年,定向越野被列为全国体育大会的正式比赛项目,进一步提升了其在国内体育界的地位。此后,全国定向越野城市系列赛、全国定向越野冠军赛等高水平赛事相继举办,不仅丰富了国内定向越野赛事体系,也为运动员提供了更多展示自己才华的舞台。值得一提的是,在 2004 年,我国定向越野国家队和国家青年队及国家教练员班子在湖南郴州宣告成立,并正式组队参加了在瑞典举行的世界锦标赛。这一事件标志着我国定向越野运动正式走向国际舞台,与世界顶尖选手同台竞技。同时,经考核批准产生的首批国家级定向裁判员也填补了我国定向越野项目无国家级裁判的空白,为赛事的公正、公平和权威性提供了有力保障。

我国定向越野协会在推动我国定向越野运动发展方面发挥了重要作用。通过举办高水平赛事、培养专业人才、制定规范性文件等一系列举措,不仅提升了我国定向越野运动的竞技水平和国际影响力,也为该运动的可持续发展奠定了坚实基础。定向越野运动在我国的发展,不限于军队的自发开展,更在教育系统和测绘系统的推动下,实现了广泛的普及与深入的发展。这一运动以其独特的魅力,逐渐成为提升学生综合素质、推动体育教学改革的重要手段。

教育系统在定向越野的推广中扮演了至关重要的角色。自 1995 年首届高校国防体育节暨定向越野锦标赛在吉林成功举办以来,定向越野便迅速在高校中生根发芽,参与高校数量逐年增加。1997 年,教育部在湖南大学成立"中国大学生定向越野培训中心",这一举措为定向越野教练员和运动员的培养提供了专业的平台,进一步推动了定向越野在高校中的普及与提高。

随着教育改革的深入,定向越野作为一种新兴的体育课程形式,逐渐被引入到中小学的体育教学中。浙江省教育委员会和湖南省教育厅等地方教育部门纷纷发文,将定向越野纳入体育教学改革的重要内容,并在各级学校中全面推广。这一决策不仅丰富了学生的体育课程,也为学生提供了更多接触自然、挑战自我的机会。

定向越野更是成为体育教学的重要组成部分。自 2004 年起,定向越野被确定为全国大学生运动会的正式比赛项目,并在《全国普通高等学校体育教学本科专业课程方案》中被列为主干课程的教学内容。这一变化不仅提升了定向越野在高校体育教学中的地位,也激发了更多高校开设定向越野选修课程或专业课程的热情。

此外,中国学生定向协会的成立及其举办的中国学生定向越野锦标赛,更是为定向越野运动的发展注入了新的活力。这一赛事的举办,不仅为学生提供了展示自己才华的舞台,也促进了各地区、各高校之间定向越野运动的交流与合作。教育部将定向越野确定为中小学"2+1"课程,更是体现了国家对定向越野运动的重视与支持。这一决策将有助于在更广泛的范围内推广定向越野运动,让更多的学生受益于这项运动所带来的乐趣与挑战。

定向越野在中国的传播与发展离不开教育系统和测绘系统的共同努力。未来,随着定向越野运动的不断普及与提高,它必将在提升学生综合素质、推动体育教学改革等方面发挥更加重要的作用。中国学生定向标志如图 2-2 所示。

图 2-2　中国学生定向标志

社会力量对定向越野在中国内地的发展发挥的作用同样不可轻视。世界公园定向组织(PWT)标志如图 2-3 所示,1998 年,中国加入。PWT 与中国大学生国防体育协会的合作,使得定向越野在部分高校中得到了广泛的推广。通过制作地图、开展讲座和组织比赛等形式,PWT 不仅帮助学生了解了定向越野的基本知识,还激发了他们对这项运动的兴趣和热情。这种合作模式不仅提高了中国高校定向越野运动的水平,也为定向越野在更广泛范围内的普及奠定了基础。

图 2-3　世界公园定向组织

PWT 与部分高校如湖南大学的深度合作,更是为中国定向越野运动培养了优秀的教练员和运动员。通过与 PWT 签订合作协议,湖南大学等高校获得了国际先进的定向越野培训资源,包括教练员的指导和运动员的海外训练机会。这种"引进来"和"走出去"相结合的方式,不仅提升了中国定向越野项目教练员和运动员的专业素养,也为中国定向越野运动在国际舞台上崭露头角提供了可能。特别是湖南大学定向队队员李飞龙被送到瑞典俱乐部进行训练和比赛的经历,更是成为中国定向越野运动发展史上的佳话。作为我国第一个参加世界锦标赛的运动员,李飞龙的参赛经历不仅展示了我国定向越野运动员的风采,也为我国定向越野运动在国际上赢得了声誉。

社会力量的参与对我国内地定向越野运动的发展起到了积极的推动作用。PWT 等国际组织的加入,不仅带来了世界最新的定向理念和技术,还通过实际合作促进了我国定向越野运动的国际化进程。未来,随着更多社会力量的加入和支持,我国定向越野运动必将迎来更加广阔的发展前景。

此外,我国在国际定向越野领域也取得了显著成绩,例如深圳大学定向越野队在 2024 年世界定向锦标赛上取得历史性突破,队员林龙源成为亚洲唯一一位挺进男子项目半决赛的运动员。

我国也在积极推广和参与国际定向越野赛事,例如 2024 年"中国杯"国际定向越野巡回赛在成都青白江区成功举办,吸引了 1 200 余名国内外运动员参加。这些赛事不仅促进了体育交流,也推动了地方经济和文化的发展。

定向越野在国内经过 30 多年的发展,已建立起了组织联络机构,正在逐步构建和完善了自身的教学、训练和赛事体系。相信随着众多定向爱好者的积极参与,定向越野将步入科学发展的快车道。同时社会的发展、大众经济实力的增强、娱乐体育的风行,必将为定向越野运动进入市场,进行商业化运作带来契机。

思考与练习二

(1)根据定向运动的起源与发展,谈谈你对定向运动的理解。

(2)中国定向越野委员会成立于哪一年?

第三章　定向越野地图和指北针

定向越野项目中,地图和指北针是这项运动的关键工具。在没有现代电子导航工具的情况下,如何正确使用地图和指北针至关重要。它能够帮助我们在没有电子导航系统的情况下,确定当前位置以及方向,同时,它是完成比赛和取得好成绩的基础。本章介绍地图的构成、识图知识和指北针使用中的导航技能。

第一节　定向越野地图构成

一、定向地图

地形是地物和地貌的总称。地物是指分布在地球表面的固定性物体;地貌是指地表面的起伏状态。

地图原本定义是"地球表面的缩写"。地图(见图3-1)是将实地地形按一定的数学法则和规定,并经过综合取舍后描绘在一张平面图纸而成的。了解地形图的基本知识,有利于我们读懂定向地图,有利于掌握定向越野运动的基本技能。

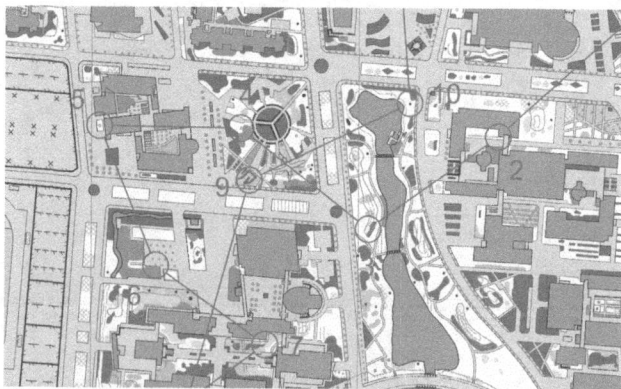

图3-1　地图

定向地图是地形图的一种,是根据 IOF 制定的《国际定向运动图制图规范》绘制成的地图。定向地图与其他地图相比,是一种更为清晰、易读,更适合在野外行进中使用的专用地图。

定向运动地图具有下列特点:

(1)内容与定向运动相关。标有一条连接起、终点和各检查点的路线;根据需要确定地图范围;图的大小适合运动员携带;等等。

(2)地图符号国际通用。采用 IOF 制定的《国际定向运动图制图规范》规定的地图符号;一般情况下,无诸如地名等内容的图内注记;正规的比赛用图标有检查点说明表。

(3)多种地图颜色。根据通行状况区分不同地图颜色,可多达6~7种颜色,而普通地形图仅为四色。

(4)较大比例尺和特定磁北线。标准定向地图采用1∶5 000 和1∶10 000地图比例尺。一些公园图采用1∶5 000 甚至更大比例尺,地图上标有由南向北的磁北线,磁北线间隔通常为250 m 或 500 m。

(5)有一定特色图廓注记。包括图名、比例尺、等高距、赛会名称、会标等,修测时间、公益性广告、赞助商要求的广告等。

(6)其他如印刷质量和纸质较好等特点。定向越野运动地图路线如图 3 - 2所示。

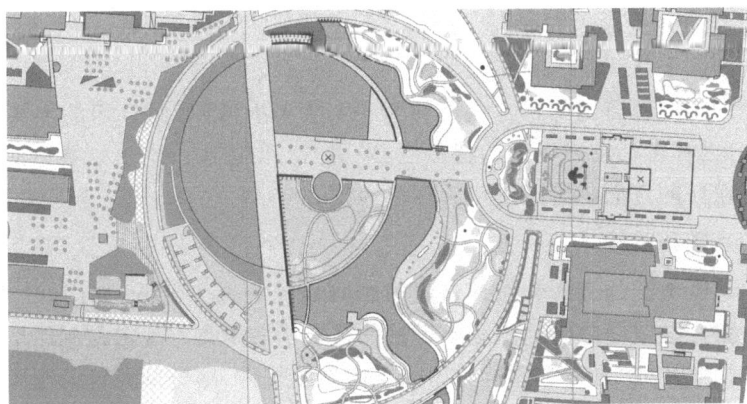

图 3 - 2　定向越野运动地图路线

二、定向越野地图的基本构成要素

定向越野地图是一种专门为竞技比赛测制的精确、详细的地形图。为满足使用者导航定位和辨别地面障碍程度的需要,同时保持地图在户外环境中清晰易读,定向越野地图要尽可能全面地表示各种地物地貌的特征。IOF 为统一定向越野地图符号,颁布了全球通用的定向越野地图图例说明,规范了地图图例符号的标准。

一张标准的定向越野地图富含着诸多要素,如图 3-3 所示。

图 3-3　定向越野地图

(一)地图尺寸

标准的定向越野地图尺寸大部分是 A4 纸大小,以单面打印的形式呈现出来;少部分因赛事活动或场地的特殊性,采用 A3 纸或 A5 纸;个别赛事活动也会采用正反双面的定向越野地图作为赛事地图。

(二)底图和路线

定向越野地图的底图和路线是定向越野地图的核心部分,如图 3-4 所示。它也是一张标准定向越野地图必不可缺的重要构成要素。底图是制图员把比赛场地的航拍照片或平面图,通过专门的定向制图软件,结合国际定向制图规范所描绘形成的一种定向越野赛事专门使用的定向底图。路线是线路设计员结合项目特点和定向底图,设计出的一条符合定向越野比赛规范的比赛线路。

(三)地图比例尺和地物符号

地图比例尺是地图最重要的参数之一。要想学会识别、使用定向越野地图,必须学会地图比例尺,定向越野地图比例尺如图 3-5 所示 。

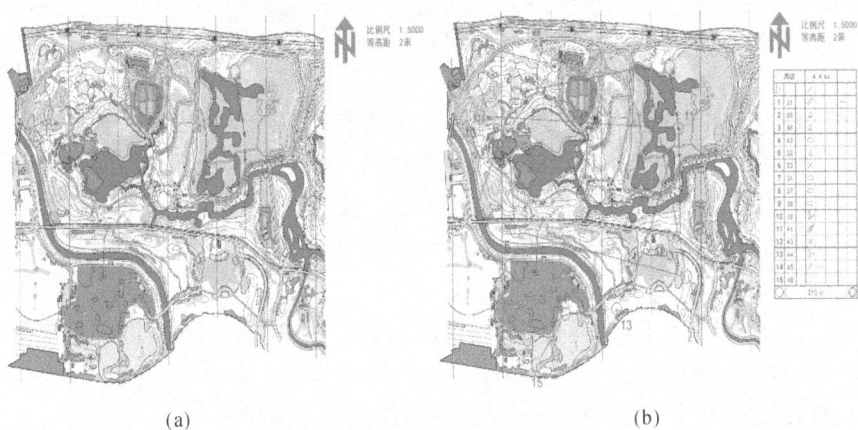

(a)   (b)

图 3-4 定向越野地图的底图和路线

(a)底图； (b)路线

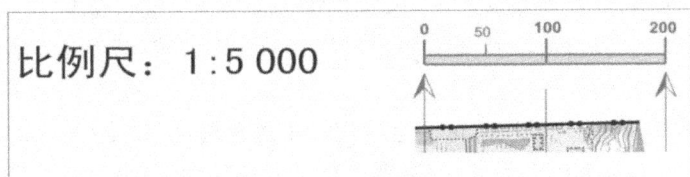

图 3-5 定向越野地图比例尺

1.比例尺的概念

图上某线段的长度与相应实地水平距离之比,叫地图比例尺。

地图比例尺＝图上距离/相应的实地水平距离

2.定向地图比例尺的常用形式

(1)数字标注形式:直接在地图显要位置标注出"比例尺:1：10 000"等字样。

(2)图示标注形式:在图上某一合适位置,画出磁北线的间隔标尺并注上实地距离数。

3.比例尺的特点

(1)无量纲比值:比例尺本身是一个比值,表示地图上的长度与实际地面长度之间的比例关系,因此它不带有具体的单位。然而,用于计算比例尺的两个数值(即地图上的长度和实地长度)的单位必须相同,否则无法进行有意义的比较。

(2)比值大小决定比例尺大小:在比例尺的表示中,通常将分子设为1(表示地图上的单位长度),而分母则代表实地上的相应长度。因此,分母越小,表示地图上的一单位长度代表的实际距离越短,即比例尺越大;反之,分母越大,比例尺越小。

(3)影响地图信息量:比例尺的大小直接决定了地图所能表示的信息量。大比例尺地图(如1∶1 000)能够展示更多的细节,包括较小的地理特征和精确的地理信息,适用于需要高精度导航或研究的场合;而小比例尺地图(如1∶10 000)则涵盖更广阔的地理区域,但展示的信息较为简略,适合概略了解大范围地理情况。

在定向越野运动中,选择合适比例尺的地图对于参赛者至关重要。定向越野地图常用的比例尺包括1∶1 000、1∶4 000、1∶5 000、1∶7 500和1∶10 000等,依据定向越野项目的不同需求和特点选择其匹配的比例尺。

1)短距离比赛:通常使用大比例尺地图(如1∶1 000或1∶4 000),因为这些地图提供了更高的精度和更多的细节信息,有助于参赛者在复杂的地形中快速定位和导航。

2)中长距离比赛:可能采用稍小的比例尺(如1∶5 000或1∶7 500),这些地图在保持一定精度的同时,能够展示更广阔的地理区域,帮助参赛者规划更长的行进路线。

3)长距离或越野挑战赛:可能会使用更小的比例尺(如1∶10 000),以便在一张地图上展示整个比赛区域,使参赛者能够对整体地形有大致的了解,但需要注意的是,这种地图上的细节信息会相对较少。

4.图上距离的量算

(1)直尺量读法(见图3-6):是一种精确的方法,使用直尺(如带刻度指北针上的刻度尺)在图上直接量出两点之间的距离,然后根据地图的比例尺计算出这两点在实地的距离。这种方法对于定向初学者来说非常有用,因为它能帮助使用者准确判断图上的距离。

(2)估算法:也称为心算法,是一种在定向越野中非常实用的方法。它要求使用者能够较精确地目估图上的距离。通过辨别图上0.5 mm以上尺寸的差异,使用者可以大致估算出两点间的距离。例如,如果某两点间的准确距离为100 m,那么通过估算法得出的距离应该在90~110 m之间。这种方法虽然不如直尺量读法精确,但在实际应用中非常灵活和方便。

(3)图上量算距离应注意的问题:

1)图上量得的距离,不论是直线还是曲线,都是两点间的水平距离。这意味着它不考虑地形的起伏和高度变化。

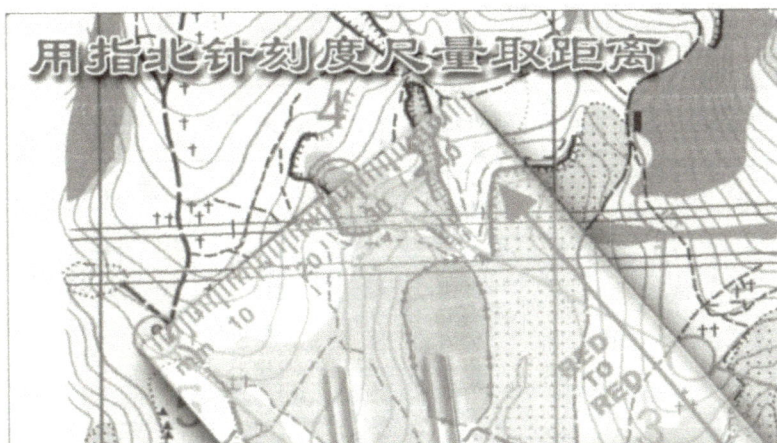

图 3-6　直尺量读法

2）如果实地的地形较平坦，那么图上所量算的距离就会接近于实地水平距离。但是，如果实地两点间的地形起伏较大，那么两点间的实际距离就会大于图上量算的水平距离。因此，在计算行进里程时，必须根据地形的起伏状况进行具体分析，并适当加上修正数。坡度与修正数见表 3-1。

表 3-1　坡度与修正数

坡度/(°)	修正数/(%)	坡度/(°)	修正数/(%)
0～5	3	20～25	40
5～10	10	25～30	50
10～15	20	30～35	65
15～20	30	35～40	80

3）熟知图上常用的尺寸单位与相应实地水平距离的对应关系也非常重要。例如，在 1∶15 000 的定向越野地图上，1 mm 相当于实地 15 m，2 mm 相当于实地 30 m，以此类推。这种对应关系可以帮助我们更准确地理解图上的距离信息。

（四）赛事信息

标准的定向越野地图，会在底图周围标识很多的定向越野赛事信息，如图 3-7 所示。这些赛事信息包括赛事活动名称、赛事时间和地点、赛事官方、制图员信息、线路设计员信息等。

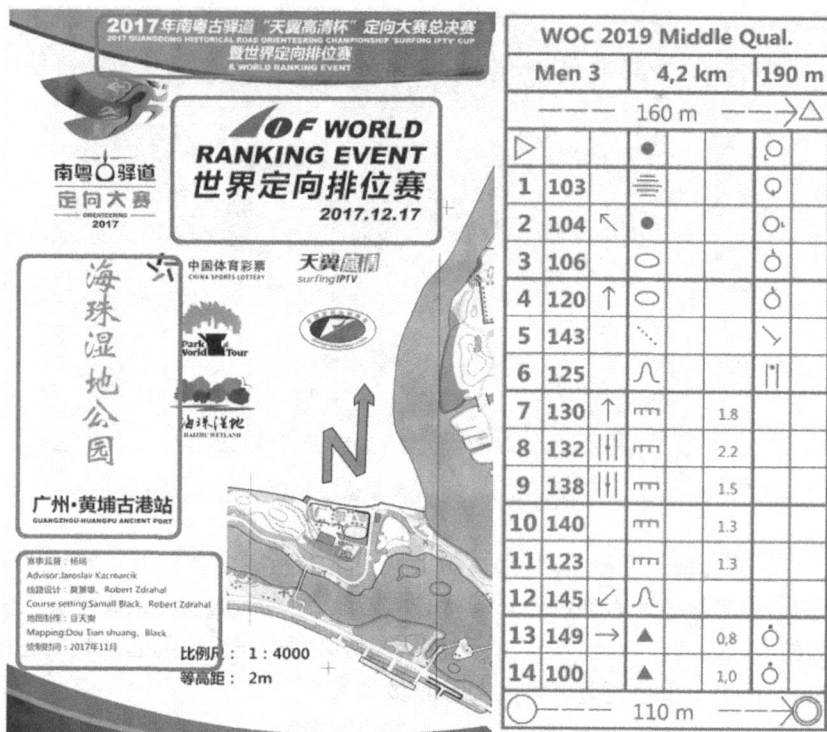

WOC 2019 Middle Qual.			
Men 3	4,2 km		190 m
— — — 160 m — — —→△			
▷		●	○
1	103	≋	○
2	104	↖ ●	○'
3	106	○	○
4	120	↑	○
5	143	⋰	↘
6	125	∧	‖
7	130	↑	┌┐	1.8
8	132	‖‖‖ ┌┐	2.2
9	138	‖‖‖ ┌┐	1.5
10	140	┌┐	1.3
11	123	┌┐	1.3
12	145	↙ ∧	
13	149	→ ▲	0,8	○
14	100	▲	1,0	○
◯	110 m		◯

图 3-7　定向越野赛事信息

(五)检查点说明表和线路组别

检查点说明表和线路组别通常是一起出现,是对线路上所有信息的汇总表格,其中包含了线路组别、线路名称、线路长度、爬高量、以及各个点位的序号、编号和位置精准说明。检查点说明表会在出发等候区进行发放,主要为了帮助运动员提前加深对检查点位置的了解,加强运动员对检查点的把握以及跑点的流畅性。

(六)指北标志和磁北线

在定向越野地图中,指北标志与磁北线扮演着至关重要的角色,它们共同为读图者指明了底图的南北方向,极大地促进了方向判断的准确性与效率。具体而言,指北标志通常是一个醒目的符号,如箭头或特定图形,明确指向地图的上方,即地理北方向,为读图者提供了一个直观的参考点。而磁北线,则根据地球磁场的变化,在地图上标示出实际指南针所指示的北方,即磁北方向,这有助于考虑到地球磁场偏角对方向判断的影响。

指北标志提供了地图设计上的方向基准,而磁北线则反映了自然界的实际指向,两者相辅相成使读图者能够综合考虑地理北与磁北的差异,进行更为精确的方向定位。此外,指北标志还承载着制图员的个性与身份特征,每位制图员都会设计或选择一个独特的指北标志作为自己的专属标识,这不仅体现了制图员的专业素养,也增加了地图的识别度和艺术感。

同时指北标志也是制图员所独有的标志或象征,每位制图员都有其本人所专用的指北标志,如图 3-8 所示。

图 3-8 定向越野指北标志

(七)logo 展示

一场综合性的赛事活动举办时,为了展现活动的多元化合作与广泛支持,会涉及多个单位的紧密协作,包括主办方、承办方、协办方以及赞助方等。为了向这些单位表达诚挚的感谢与认可,将它们各自的 logo 巧妙地融入定向越野地图之中,成为一种既具创意又富有意义的做法。

在地图上,这些 logo 的展示不仅能够提升活动的品牌形象,还能增强参与者的归属感和认同感。主办方 logo 通常会被置于地图的显著位置,如顶部或中心区域,以彰显其主导地位和核心价值。承办方的 logo 则可能出现在赛事具体地点或活动区域的周边,强调其对活动现场组织与管理的重要贡献。

协办方的 logo 则可能分散在地图的不同位置,根据其具体支持的领域或项目而有所不同,这样既体现了协办方的多样性,也展现了活动的广泛合作网络。至于赞助方的 logo,通常会根据赞助级别和合作深度,在地图上以不同大小和位置进行展示,以此感谢其对活动资金、物资或技术支持的慷慨解囊。

在设计过程中,需要确保所有 logo 的展示既美观又和谐,避免相互干扰或影响地图的实用功能。同时,也需考虑到版权和品牌形象保护的问题,确保所有 logo 的使用均获得相关单位的授权和同意。通过这样的方式,定向越野地图不仅成为一张指引方向的实用工具,更成为一张展示活动合作精神和多元文化交融的艺术品。

(八)机械打卡框

在一场高规格的定向越野赛事中,为了确保赛事成绩的准确无误与赛事流程的严谨性,组织者采取了多重保障措施。其中,最为核心的一项就是在每个点位上设置两个完全相同的检查点,这一设计旨在通过冗余机制减少因单点故障导致的成绩误差或争议。此外,每个点标旗上还特别挂置了一个机械式打卡器,这一创新举措为赛事成绩的验证增添了第二层技术保障。

机械式打卡器以其稳定可靠、操作简便的特点,在定向越野赛事中得到了广泛应用。参赛者到达指定点位后,需使用赛事提供的打卡工具在机械打卡器上进行打卡操作,这一动作将自动记录参赛者的到达时间,并作为成绩判定的重要依据。而地图上的机械打卡框,则是为了引导参赛者准确找到打卡位置而设计的,它清晰地标注了打卡器的具体位置,帮助参赛者快速完成打卡流程,减少不必要的时间浪费和误操作。

通过这样的三重保障设计,即双重检查点、机械式打卡器以及地图上的明确指引,赛事组织者不仅确保了赛事成绩的严谨性和公正性,还大大提高了赛事的运行效率和参赛者的体验。同时,这种精细化的管理也体现了赛事组织者对于定向越野运动专业性和规范性的高度重视。定向越野机械打卡框如图 3 - 10 所示。

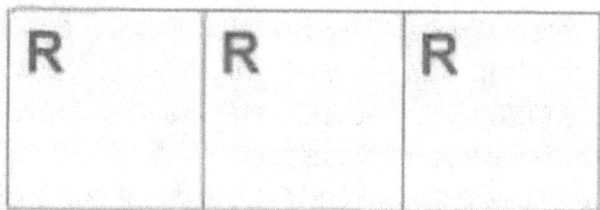

图 3 - 10　定向越野机械打卡框

三、定向越野地图的符号

定向越野地图符号,即图例符号,是一种定向专用地图的语言。这种语言全球通用。识别和理解定向地图符号,对于正确地使用定向地图是十分必要的。

1. 地图符号规定

在探讨定向越野赛事的地图符号系统时,我们首先要明确的是,尽管定向地图与普通地形图在基础要求上有共通之处,即都需要详尽展现地貌、水系、建筑物、道路、植被和境界等六大地理要素,但定向地图因其特定的使用目的和比赛需求,其符号体系被 IOF 进一步细化和规范化为五类主要类别,并辅以特定的颜色编码以增强可读性和功能性。

（1）地貌符号（见图3-11）。此类符号专注于描绘地面形态的细微差别，如小丘、洼地、土崖、冲沟、陡坡及土垣等，帮助运动员准确判断地形变化，制定合适的行进策略。

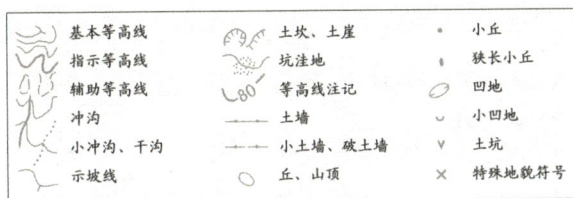

图3-11　地貌符号

（2）岩石与石块符号（见图3-12）。岩石与石块不仅是地貌的一部分，也是影响比赛难度和安全性的重要因素。黑色符号的使用确保了它们在地图上的突出显示，为运动员提供了关于通行难度和潜在危险区域的重要信息。

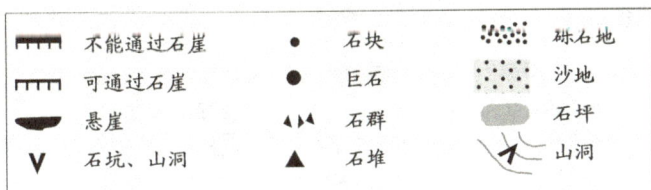

图3-13　岩石与石块符号

（3）水系与湿地符号（见图3-13）。此类别涵盖了所有露天水系，包括河流、湖泊等。当这些水域伴有水生植物或沼泽特征时，会结合植被符号进行表示，以提供更全面的环境信息。

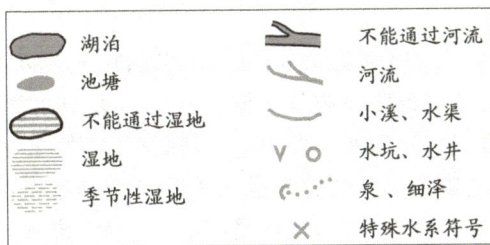

图3-13　水系与湿地符号

（4）植被符号（见图3-14）。植被的表示方法直接关系到运动员的跑动速度和通行难度。□区域代表可自由奔跑的树林;▨区域则指示空旷地带,根据空旷程度的不同进一步细分;▦区域则反映了树林的密集程度,从慢跑区域到通行困难区域,为运动员提供了关于体力分配和路线选择的宝贵参考。

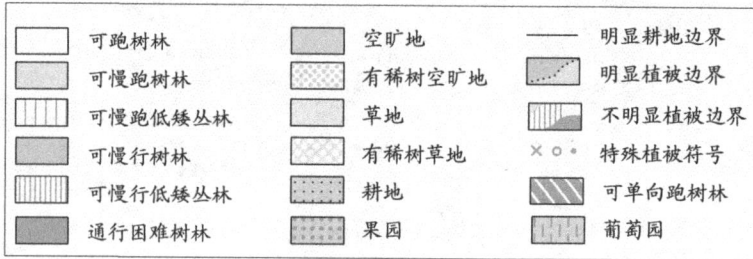

图 3-14 植被符号

(5)人工地物符号(见图 3-15)。这类符号涵盖了道路、房屋、栅栏、境界线等人为建造或划定的地理特征,它们在定向比赛中往往作为重要的导航参照点或路径选择依据。

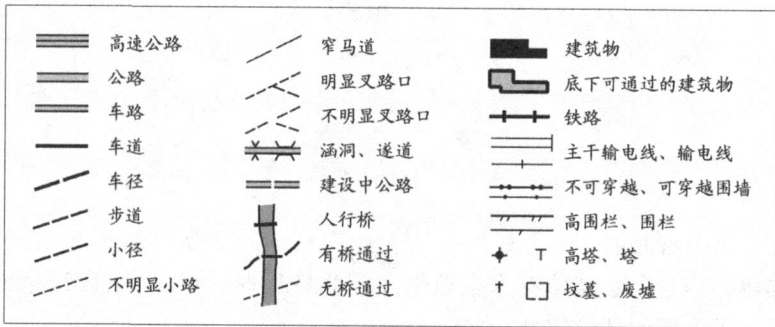

图 3-15 人工地物符号

(6)路线与路线相关符号(见图 3-16)。它们用于标示比赛路线、通行状况、障碍、危险区域及赛事保障设施等关键信息。在大型比赛中,这些符号通常会通过套色印刷的方式直接印制在地图上,以提高比赛的专业性和效率。

综上所述,定向越野赛事的地图符号系统是一个高度专业化和精细化的体系,它通过色彩编码和符号设计,为运动员提供了全面、准确且易于理解的地理信息,是确保赛事顺利进行和成绩准确判定的关键工具。

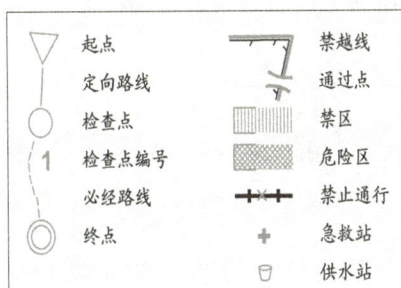

图 3-16　路线与路线相关符号

2.符号大小及相互关系规定

为了确保定向越野赛事地图既能详尽展示地形特征,又能保持其清晰度和易读性,IOF 制定了一系列严格的符号设计标准,其中包括符号的最小尺寸以及相邻符号之间的处理原则和最小间隔。这些规定是基于正常日光条件下的视觉感知能力和现代地图印刷技术的实际能力而制定的。

具体来说,对于不同类型的符号,都有其特定的最小尺寸要求。例如,岩石类符号和河流与沟渠类符号,其最短长度不得小于 0.6 mm,以确保这些关键地形特征在地图上能够被清晰识别。对于虚线符号,则要求至少包含两段线条,以避免被误解为实线。点状符号则至少需要有两个点组成,以增强其在地图上的可识性。此外,对于淤泥地等特定地貌,其最小表示面积也被明确规定为两条 0.5 mm 长的线所围成的区域。

在色彩使用方面,普染色块(如蓝、绿、灰、黄)和黑色网点的最小面积也有具体要求,以确保色彩在地图上的均匀分布和清晰呈现。同时,对于同颜色的线条之间,如黑色与黑色、棕色与棕色之间,规定了最小的间隔距离(如 0.15 mm),以避免线条相互重叠或混淆。而对于不同颜色但相近的线条,如两条蓝色线之间,则规定了更大的最小间隔距离(如 0.25 mm),以确保颜色对比鲜明,易于区分。

这些细致入微的规定不仅体现了定向越野赛事地图的专业性和严谨性,也确保了运动员在比赛过程中能够迅速、准确地识别地图上的各种符号和地形特征,从而制定出合理的行进路线和策略。同时,它们也为地图的制作者和印刷商提供了明确的指导,有助于生产出高质量、易读性强的定向越野赛事地图。

四、定向越野地图的地物符号

地面上的地物,在地图上是用统一规定的图例符号表示的,这些规定的图形符号叫地物符号。它是构成地图的重要因素,是地图的语言。定向越野地图如图3-17所示。

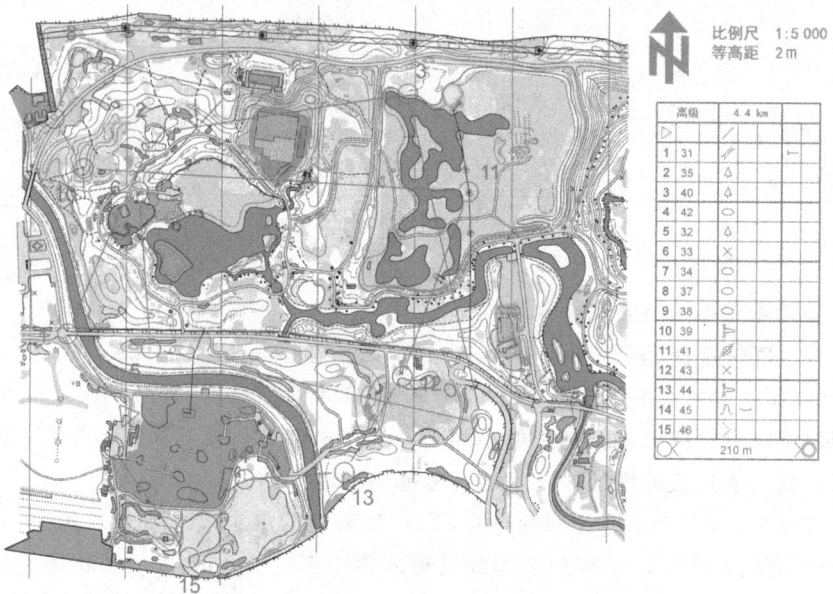

图 3-17 定向越野地图

(一)定向越野地图地物符号形状特点分为三类

(1)面状符号又叫区域符号(见图3-18)。实地面积较大的地物,如区域性居民地、密林地、空旷树林地、草地、湖泊等。其外部轮廓是按比例的大小呈现出来,在地图上可判断其分布、形状和性质。这类地物符号的轮廓线与实地地物的轮廓一致,方向一致。

(2)线状符号(见图3-19)。实地的条形线状地物,如道路、管道、输电线、围墙、围栏、水渠、石崖等,其长度和宽度按比例在地图上呈现出来。线状地物的拐弯处、交叉点位置是按实地精确测定,也是运动员在奔跑时的重要定位及地物参照依据。

(3)点状符号(见图3-19)。实地上一些对运动员奔跑时有影响或有参照意义的地物,如石头、雕像、独立树、水井、石坑、高塔等,因其面积较少,不能按比例测量,只能用统一规定的图例地物符号表示。实地的点状地物在地图上是精确测量出来,因此对运动员奔跑时实时定位起着关键作用。

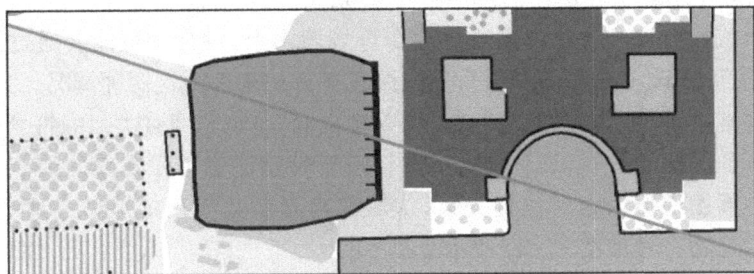

图 3-18　按比例尺投影的面状符号

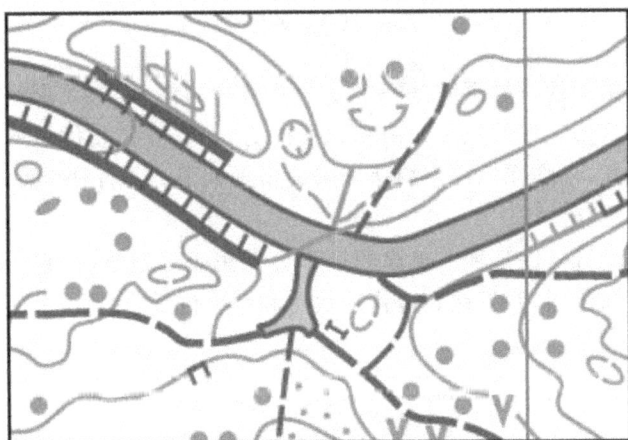

图 3-19　线状和点状符号

　　在定向越野图中,对于具有相似属性但具体分类不同的地物,设计者巧妙地采用了一种高效且直观的方式来表示它们,即首先规定一个基本符号作为这些地物的共同特征,然后通过改变颜色、局部细节或方向等方式来区分它们的具体分类。这种表示方法不仅减少了符号的总量,使地图看起来更加简洁,同时也提高了地图的信息密度和可读性。

　　在识别这些符号时,运动员需要特别注意不要将它们混淆。因为每一个符号都代表着特定的地形或地物信息,一旦识别错误,就可能导致错误的行进路线或策略。因此,运动员需要仔细观察符号的颜色、形状、大小以及它们与周围地形之间的关系,从而准确判断其代表的含义。

　　对于某些同类地物之间的细微差别,设计者更是通过精心设计的符号变化来加以区分。例如,"不能通过的陡崖"和"能通过的陡崖",虽然都表示陡崖这一地形特征,但前者可能由于坡度过陡、岩石松动等原因而禁止通行,后者则可能相对平缓或设有安全通道可供通行。在符号表示上,设计者可能会通过添加禁止通行的标志、改变陡崖的倾斜角度或颜色等方式来区分这两种情况。

同样地,"围栏"与"高围栏"、"岩坑"与"山洞"等也是通过类似的符号变化来加以区分的。运动员在识别这些符号时,需要特别注意符号本身的细节变化以及它们与周围地形的相对位置关系,从而准确判断其代表的地形或地物特征。较相似的地物符号如图3-20所示。

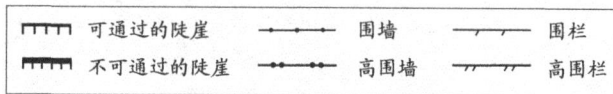

图3-20 较相似的地物符号

定向越野图上的符号系统是一个复杂而精细的体系,它要求运动员在识别符号时不仅要具备基本的地理知识和识图能力,还需要具备敏锐的观察力和判断力。只有这样,才能在比赛中快速准确地识别地图上的各种信息,制定出合理的行进路线和策略。

当若干同类符号以某种有规律的排列方式来表示地物时,它们所反映的只是地物的性质和范围,并不代表地物的数目和精确位置,如图3-21所示。

墓地　　　　　果园

图3-21 不代表数目和位置的地物符号

地图中即使性质相似的地物(如"池塘""水坑"与"湖泊"),在地图上的表示也会因其尺寸(长度、宽度或直径)的不同而有所变化。这种变化体现在符号的特点上,可能会从点状、线状转变为面状,反映了地图符号设计对实际地物特征的精准捕捉和灵活表达。

1)地图比例尺对地物表示的影响。地图比例尺是决定地图上地物表现形态的关键因素之一。随着比例尺的增大(如大于1∶3 000),原本被视为线状的地物(如小溪、道路)可能会以面状的形式呈现,这是因为在大比例尺地图上,地物的细节得以更充分地展现,使得其长度和宽度都能按比例尺精确量算。这一变化体现了地图比例尺对地理空间信息表达的深刻影响。

2)符号密集区的位置调整。在地图制作中,当多个小而重要的地物聚集在一起时,即使用最小尺寸的符号表示,也可能出现符号大小超过实地地物大小的情况。为了保持地图的清晰度和可读性,制图者通常会对这些符号的位置进行合理移动,以确保它们相互间的位置关系正确无误。这种调整是地图制作中常见的处理方式,旨在平衡地图的视觉效果和信息传递的准确性。道路小河为面状地物,如图 3-22 所示。

图 3-22 道路小河为面状地物

(二)定向越野地图地物符号的类别

同其他地形图一样,定向越野地图也要求完整而详细地表示水系、建筑物、道路、植被和境界等地物符号。下面是 IOF 根据定向越野比赛的特殊需要,将定向越野地图的地物符号分成的四个类别。

(1)石块与岩石类地物符号(见图 3-23)。石块与岩石类是地物的特殊形式,它们是读图与定位时最容易提取的特征地物,同时可以向参赛者表明是危险还是可奔跑的通行情况。为使它们明显地区别于其他地物符号,一般带有齿状的陡崖在选择路线奔跑时就要慎重选择,要学会判断是可以通过的矮陡崖还是不可通过的高陡崖,高陡崖是危险区域,奔跑时就要远离和规避选择。

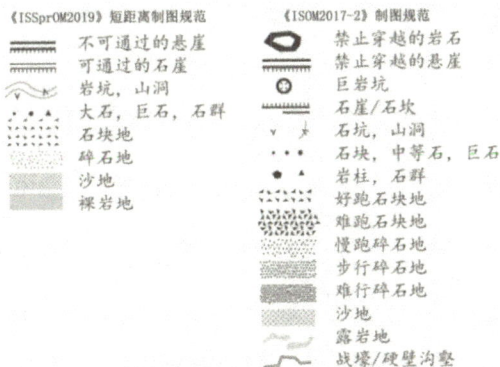

图 3-23 石块与岩石类地物符号

(2)水系地物符号(见图3-24)。与水相关等地物,这类符号包括所有露天的明显水系,还有人工建造而成的水渠、水井、水坑等。当伴有水生或沼泽生的植物时,可与相应植被符号配合表示。沼泽在国内并不多见,而在北欧等国,因为湖畔和原始森林较多,沼泽比较常见。制图员会根据沼泽是否安全通行的情况会在地图上表示出差异。

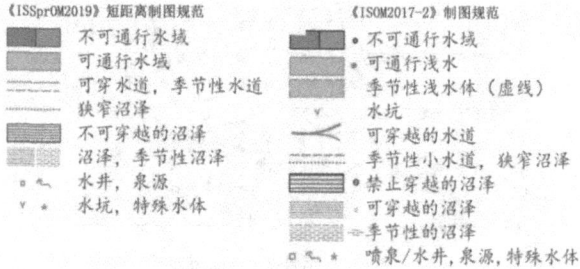

图3-24　水系地物符号

(3)植被地物符号(见图3-25)。由于植被既能影响运动员的视野和运动速度,又能为在野外奔跑的运动员提供重要的特征物,所以定向地图对植被进行了详细的区分。空旷地、草地、杂草地等开阔的区域,可跑性很高。空旷树林,地面不会有太多的杂草丛生。树林茂密程度分为浅绿、中绿、深绿等,随着绿色植被的深度呈现,越绿表示植被越密。浅绿植被通常能慢跑通行,中绿植被只能慢走通行,深绿植被难通行。一般在选择奔跑路线时都会避开深绿色植被,深绿植被是不可通行的树林或灌木丛。

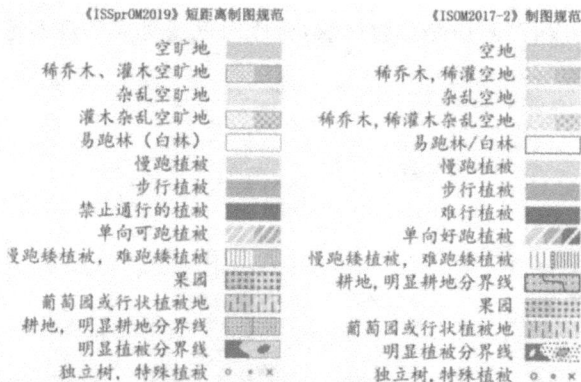

图3-25　植被地物符号

(4)人造特征地物符号(见图3-26)。人工地物,用黑色和用显示范围的浅棕色、橄榄绿色等表示。人工建造物和主要人类活动造成的特征物在户外都十分容易被人观察到,因此这类符号在所有户外活动中的导航定位作用都非常明显。像道路以及人行小道,地图上与实地是一一匹配的。在人工围栏上还有两种区别:一种是带双齿的高围栏,像校园的外围栏,篮球、网球场等高围栏都是不可通行的围栏;另一种是带单齿的矮围栏,这种围栏不高,奔跑通过时一步就跨过去的,这种矮围栏在通行时不受限制,因此在看图理解时要区分好是高围栏还是矮围栏。还有很多的人工建造物,像建筑物、标志塔、人工花圃、电线杆等地物都由不同的人工地物符号表示。这是一类复杂的定向越野地图地物符号。

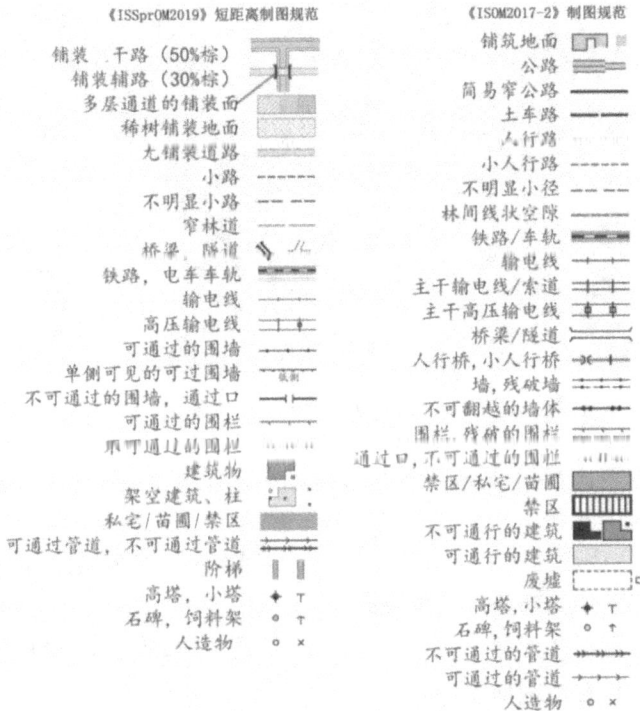

图 3-26　人造特征地物符号

五、定向越野地图的地貌符号及等高线表示地貌的方法

地貌作为地球表面的高低起伏状态,其多样性和复杂性源于内外地质作用的综合影响。内力地质作用,如地壳运动、火山活动和构造变形,是塑造地表宏观形态的主导力量,它们决定了山脉、高原、盆地和平原等基本地貌单元的分布和格局。这些地貌特征不仅控制了海陆的分布轮廓,还奠定了地貌的构造基础。

相比之下,外力地质作用则更多地关注于地壳表层的物质变化。通过风化、剥蚀、搬运和堆积等过程,外力作用不断改造和重塑地表形态,形成了现代地面上的各种细微和复杂的景观。这些过程使得地貌在时间和空间上都具有高度的动态性和变化性。在定向越野地图中,地貌的表示尤为重要。等高线法作为一种有效的表示手段,能够清晰地展现出地面的高低起伏状态。通过对等高线图形的解读,可以直观地了解地貌的形态特征和空间分布,为定向越野等户外活动提供重要的参考依据。卫星拍摄的地貌图片如图3-27所示。

图3-27 卫星拍摄的地貌图片

在定向越野比赛中,地貌不仅是参赛者判断方向和距离的重要依据,更是他们在复杂环境中寻找路径和定位的关键。特别是在地物稀少或森林覆盖的地区,地貌特征往往成为唯一可靠的参照物。因此,对于参赛者来说,熟悉并掌握地貌的识别和利用技巧是至关重要的。

在定向越野的激烈竞争中,只有地貌才是最经常、最稳定、最可靠的向导。

(一)定向越野地图地貌符号

定向越野地图地貌符号包括表示地面详细形态的专用符号,同时呈现地形的起伏状态,如山谷、山背、山脊、台地、冲沟、土墙、洼地、小丘、土坑和破碎地面等。地形、地貌符号如图3-28所示。

(二)等高线表示地貌的方法

1.等高线表示地貌的原理

图3-29中等高线地图是一种非常直观且有效的地形表示方法,它通过将山体或其他地形特征按照等高距(即相邻两条等高线之间的高度差)进行水平切割,并将这些切割面与地面的交线(即截口线)垂直投影到水平面上,从而得到一

系列闭合的曲线。这些曲线就是等高线,它们反映了地形表面的高度变化。

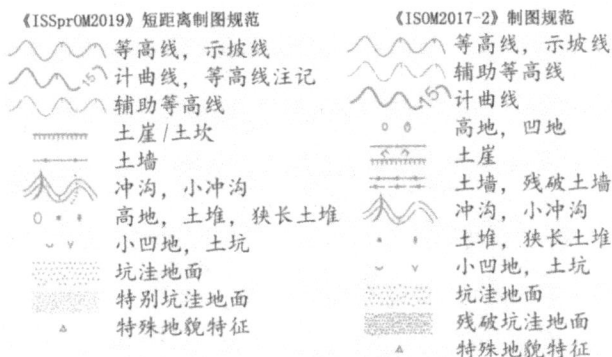

《ISSprOM2019》短距离制图规范		《ISOM2017-2》制图规范	
〰〰	等高线,示坡线	〰〰	等高线,示坡线
〰〰	计曲线,等高线注记	〰〰	辅助等高线
〰〰	辅助等高线	〰〰	计曲线
⊥⊥⊥	土崖/土坎	∘ ∘	高地,凹地
⊥⊥⊥	土墙	⊥⊥⊥	土崖
〰〰	冲沟,小冲沟	⊥⊥⊥	土墙,残破土墙
∘ ∘ ∙	高地,土堆,狭长土堆	〰〰	冲沟,小冲沟
⌣	小凹地,土坑	∘ ∙ ▬	土堆,狭长土堆
∷∷∷	坑洼地面	⌣ ⌣	小凹地,土坑
▨▨▨	特别坑洼地面	∷∷∷	坑洼地面
△	特殊地貌特征	▨▨▨	残破坑洼地面
		△	特殊地貌特征

图 3-28　地形、地貌符号

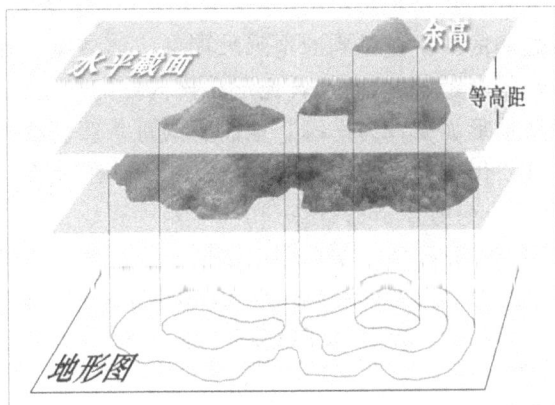

图 3-29　等高线表示地貌原理

2.等高线表示地貌的特点

地形图(见图 3-30)中呈现的每条等高线,实为地表高程等值线的水平映射,它们不仅勾勒出地貌的二维边界,还直观地展现了地形的起伏变化。这些等高线的形态,与真实山体的轮廓高度相似,形成了一种视觉上的对应。

具体而言,位于同一条等高线上的所有点,均共享同一海拔高度,确保了高度的一致性。此外,每一条等高线均呈现为闭合的曲线形态,环绕着特定的地形特征,无始无终,完整展现了地形的连续性。

进一步分析,当在相同比例尺的地图或采用相同等高距的条件下观察时,等高线的密集程度与地形的高度成正比。即等高线数量越多,意味着地形越为高耸;反之,等高线稀少,则地形相对低平。对于凹地而言,等高线的分布则反映了其深度信息。

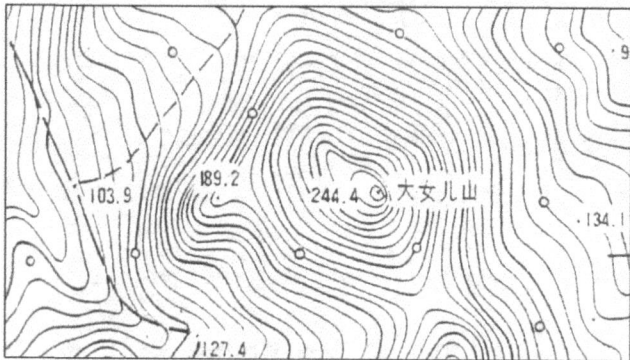

图 3-30 地形图上的等高线

同时,等高线之间的间距也是判断地形坡度的重要依据。在同一比例尺或等高距条件下,等高线间距紧凑,意味着地形在该区域的坡度较为陡峭;而等高线间距宽松,则表明地形坡度较为平缓。地图上的每条等高线都是实地等高线的水平投影;它既描绘出地貌的平面轮廓,也表示出地貌的起伏。等高线的形状与实地山的形状相似。具有以下的特点:在同一条等高线上,各点的高度相等;每条等高线都是闭合曲线;在同一幅地图上或同一等高距的条件下,等高线多,山就高;等高线少,山就低;凹地的等高线则表示深浅;在同一幅地图上或同一等高距条件下,等高线间隔密,实地坡度陡;等高线间隔稀,实地坡度缓。

3. 等高距的规定

等高距作为衡量相邻水平切面间垂直距离的关键参数,对于地貌在地图上的展现详尽程度起着至关重要的作用。具体而言,当等高距设定得较为细小时,生成的等高线数量会相应增多,从而使得地表的细微变化得以更为详尽的呈现;反之,若等高距设置较大,则等高线数量减少,地貌的描绘也就更为概括和简略。

鉴于自然界中地貌起伏与切割程度的多样性,不同地形特征对等高距的选择提出了差异化的需求。例如,在平坦开阔的地区,较大的等高距足以清晰展现地貌轮廓;而在崎岖复杂的山区,则需要更小的等高距来捕捉地形的细微变化。因此,合理选择与地形相匹配的等高距,是确保地图准确性和实用性的重要环节。

此外,等高线的疏密程度还直接影响到地图的视觉效果和阅读体验。为了规范定向越野地图的制作标准,IOF 制定了专门等高距规定,并要求在每张定向越野图的显著位置明确标注等高距信息,以便于使用者根据地图比例尺和等高距快速判断地形特征,提高定向越野活动的安全性和效率。定向地图上标注的等高距如图 3 - 31 所示。

图 3 - 31 定向地图上标注的等高距

在国际定向地图制作中,通常采用的标准比例尺为 1∶15 000,并配以 5 m 的等高距,以确保地图的精确性和适用性。而在国内,定向地图的标准则设定为比例尺 1∶10 000,同样采用 5 m 的等高距,以适应国内地形特征的需求。然而,在针对较为平坦的定向越野区域或地貌广阔、细节要求不高的地图绘制时,可以灵活调整比例尺至 1∶10 000,并减小等高距至 2.5 m,以提升地图的清晰度与可读性。但值得注意的是,在同一张地图上,必须保持等高距的一致性,避免使用两种或多种等高距造成混淆。

此外,对于公园定向地图而言,由于其范围相对较小且地形变化可能更为复杂多样,所以通常采用比例尺 1∶5 000,并依据实际情况选择 1 m 或 2 m 的等高距,以便更精确地反映公园内的地形起伏与细节特征。当然,若上述标准比例尺及等高距仍无法满足特定需求,如需要更高精度的地形展示,可依据实际情况灵活选择其他比例尺和等高距进行地图制作。

4. 等高线的种类和作用

基础等高线作为描绘地貌基本形态的主要元素,采用 0.1 mm 宽的棕色实线进行绘制,严格遵循既定的等高距标准,确保地貌的轮廓与起伏得以精确呈现。等高线的种类如图 3 - 32 所示。为进一步提升高程测量的便捷性,加粗等高线(亦称指示等高线)应运而生。这类等高线采用 0.25 mm 粗的实线,自平均海平面起算,通常遵循每四条基础等高线之间插入一条的规则进行描绘,因此也被称为计曲线。其设计初衷在于辅助用户快速计算不同点间的高差。

此外,为了更详尽地揭示地貌的细微特征与形态变化,辅助等高线被引入地图制作中。这些等高线以 0.1 mm 粗的棕色虚线呈现,遵循约为标准等高距一半的测绘原则进行绘制。它们不仅增强了地图的信息量,还为用户提供了关于地貌形态更为丰富的细节描述。

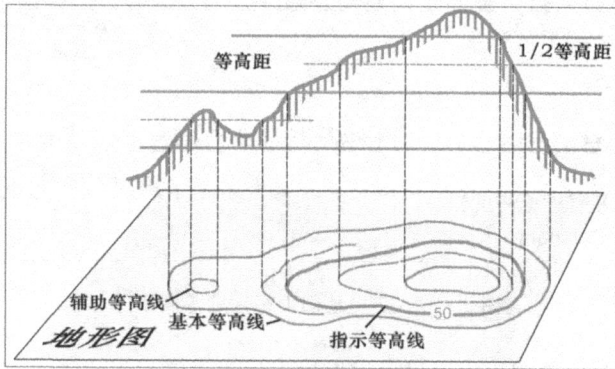

图 3-32　等高线的种类

5.示坡线

示坡线(见图 3-33)作为一种辅助图示元素,其设计旨在清晰地指示地形的下坡方向。这些小短线被绘制为与等高线垂直相交,并严格遵循下坡的自然趋势进行布局。它们常常被巧妙地安置在等高线最为显著或复杂的弯曲位置,比如山顶的尖端、鞍部的过渡区、凹地的底部等,以便在这些关键地形特征上提供明确的下坡方向指引。此外,在地图阅读可能产生困惑,或特别需要明确下坡路径的场合,示坡线也会被适时地添加,以确保地图信息的准确性和实用性。

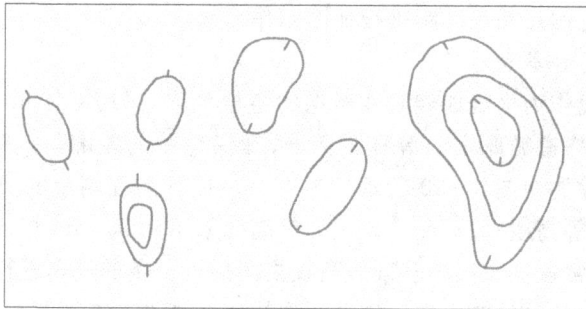

图 3-33　示坡线

6.地貌基本形态及其等高线图形

地貌的每一种形态都有一个独有的等高线图形,表明地貌的特征。山的各部形态名称如图 3-34 所示,山的形态表示方法如图 3-35 所示。

图 3 - 34　山的各部位形态名称

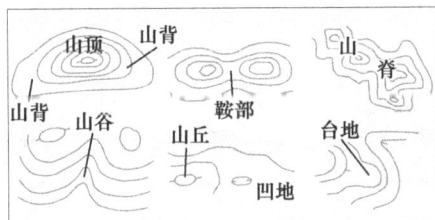

图 3 - 35　山的形态表示方法

（1）山顶。山的最高部位叫山顶。山顶依形状分为尖顶、圆顶和平顶三种。山顶的表示方法是一封闭的等高线圈，通常有向外的示坡线。定向越野运动地图一般可省略山顶的示坡线。

（2）凹地。比周围地面低且无水的部位叫凹地，也叫洼地。图中凹地是用等高线环圈加示坡线表示。

（3）山背。其指从山顶到山脚的凸起部分，很像动物的脊背。由于下雨时，雨水向山背两边分流，所以凸起的棱线又叫分水线。图中表示山背是以山顶为准，等高线向外凸出。

（4）山谷。其指相邻山背、山脊的低凹部分。由于下雨时，山谷是聚集雨水的地方，所以最低凹入部分的连线又叫合水线。图中从鞍部开始以等高线向里凹入表示。

（5）鞍部。其指相连两山顶间的凹入部分，形状似马鞍状，故称鞍部。图中表示鞍部是用一对表示山背的等高线和一对表示山谷的等高线。

（6）山脊。其由数个山顶、山背、鞍部相连形成的凸棱部分。山脊最高的棱线叫山脊线。

(7)台地。其指在斜坡上的小平地。

7.利用等高线判读地貌

(1)地貌起伏的准确判定在定向越野活动中至关重要,它直接关系到对实地斜坡方向的正确理解。初学者在掌握等高线识别技能时,首要任务是学会利用多种辅助元素来迅速判断斜坡的升降趋势。地貌起伏判定如图 3-36 所示。

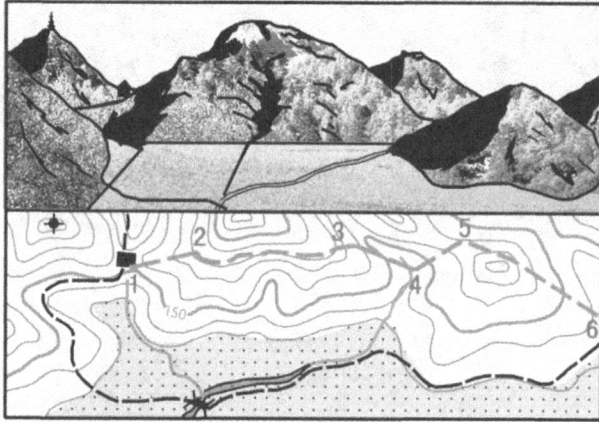

图 3-36   地貌起伏判定

(2)利用示坡线判定。示坡线是明确指示下坡方向的关键线索。顺着示坡线的延伸方向,即为下坡;相反,逆着示坡线走,则是上坡。

(3)利用河流谷地判定。河流(或谷地)的自然流向也是判断斜坡方向的重要依据。当沿着河流的流向前进时,向河源的方向即为上坡,而背离河源的方向则是下坡。若横向穿越河流(或谷地),则面向河流的方向为下坡,背对河流的方向则为上坡。

(4)利用等高线注记判定。等高线上的注记往往包含有方向信息。一般来说,朝着注记字头的方向行进,意味着上坡;而朝着注记字脚的方向行进,则是下坡。

(5)利用等高线图形判定。通过观察等高线的图形特征,也能有效判断斜坡方向。对于山背、山垄等隆起地貌,其等高线凸出的部分总是指向下坡方向;相反,山谷、洼地等低洼地貌的等高线则朝向上坡方向。此外,山的等高线图形在山脚处通常较为稀疏,随着山势的升高,中上部等高线逐渐变得密集。因此,上坡方向可视为等高线由稀疏变得密集的方向,而下坡方向则是等高线由密集变得稀疏的方向。

(6)地貌结构的判定。地貌结构的判定,是深入理解一定区域内各种地貌特征之间相互关联与空间位置布局的综合过程。这一过程不仅对于准确判定个人所在位置(即站立点)至关重要,而且能够显著提升运动员在快速移动过程中的方向感与空间认知能力,从而为其在整个比赛过程中合理调配体力、优化技战术策略提供有力支持。在判定地貌结构时,首要步骤是充分利用地图中醒目的标志点,如显著的制高点、河流流向、谷地形态等,以这些自然或人工的参照物为基础,大致勾勒出整个区域的总体地势升降趋势,并初步掌握地貌起伏的基本规律与分布特点。需将关注焦点转向更为精细的地貌特征分析上,这包括准确识别并标记出地貌结构线(如山脊线,它往往标示着地形的高点连线)、坡度变换线(反映地形坡度显著变化的界线)、以及特征点(如山顶、鞍部等,这些点在地形图上具有显著的识别度与代表性)。通过对这些结构线、特征线与特征点的平面位置进行详细比对,并结合它们所代表的高度与坡度信息,可以进一步细化对地貌结构的认知,形成更为完整、准确的地貌结构图像。这一过程不仅有助于运动员在复杂多变的自然环境中保持清晰的方位感,还能为其制定科学合理的比赛策略提供坚实的地形基础。

(7)高差的判定。在定向越野或地图判读中,准确计算两点间的高差是评估地形难度、规划行进路线的重要一环。以下是针对两点位于同一斜面或不同斜面时,计算高差的详细步骤。

1)当两个点位于同一斜面上时,确定等高线间隔:观察并确认两点所在区域的等高线间隔数量。这代表了从一条等高线到相邻等高线之间的高度差,即等高距。计算总高度差:将等高线间隔数量乘以等高距,得到两点间因等高线间隔而产生的总高度差。考虑余高:如果两点并不恰好位于等高线上,而是位于某条等高线的上方或下方,那么还需要加上或减去这段"余高"。余高是指从点到其所在等高线的垂直距离。求和:将总高度差与余高相加(或相减,取决于余高的方向)得到两点间的最终高差。

2)当两个点不在同一斜面上时,寻找同高等高线:需要找到与两个点位置相关且高程相同的等高线。这通常涉及在地图上追踪等高线,直到找到与两点高度相近或相等的等高线交点或线段。确定相关点:在找到同高的等高线后,确定与两点分别最近的相关点。这些相关点可以是等高线与某一地形的交点,也可以是等高线上与两点具有相同高程估计值的点。分别计算高差:对于每个点,按照上述"当两个点位于同一斜面上时"的方法,分别计算该点到其相关点的高差。考虑水平距离:如果两点间的水平距离较远,且地形复杂多变,可能还需要考虑地形起伏对高差计算的影响。这通常需要通过更详细的地图分析或实地勘察来完成。综合判断:最后根据两点到各自相关点的高差,以及它们之间的相对位置关系,综合判断两点间的实际高差。这可能需要一定的地图解读经验和空间想象能力。

(8)斜面形状和坡度的判定:在定向越野比赛中,准确判定斜面形状和坡度对于运动员来说具有极其重要的战略意义。这不仅能够帮助运动员规避那些可能消耗过多体力、增加行进难度的地形,还能让他们利用特征鲜明的地貌斜面形状作为有效的行进参照物,从而更加高效地规划路线、保持方向感。不同斜坡在地图上的等高线间隔如图3-37所示。

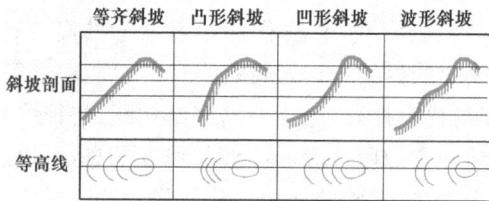

图3-37 不同斜坡在图上的等高线间隔

基于等高线显示地貌的基本原理,可以通过一种简单而直观的方法——目估法,来快速判定斜面的形状和坡度。目估法依赖于对等高线图形的细致观察和经验判断,无需复杂的计算工具,却能在关键时刻为运动员提供宝贵的决策依据。

1)斜面形状的判定。斜面形状可以直接通过等高线图形的疏密变化来判定。一般来说,等高线密集的区域表示地形陡峭、坡度较大,而等高线稀疏的区域则相对平缓。因此,当等高线在某一方向上逐渐变得密集时,可以判断该方向上的斜面逐渐变得陡峭;反之,则逐渐平缓。通过观察等高线图形的这种疏密变化模式,运动员可以大致勾勒出斜面的形状轮廓。

2)坡度的判定。坡度的大小则可以通过图中等高线间隔的大小来直接判定。等高线间隔越大,表示该区域内的高程变化越平缓,坡度也就越小;反之,等高线间隔越小,则高程变化越剧烈,坡度也就越大。运动员在观察地图时,可以通过比较不同区域的等高线间隔大小,来快速评估各区域的坡度情况,并据此调整自己的行进速度和策略。

六、检查点说明表

检查点说明符号是定向越野地图特有的一种信息表示形式。它以特有的方法告诉人们可以更便捷地找点。利用检查点说明表使定向越野变得更加简单。

(一)检查点说明表的功能

检查点说明表会在出发等候区进行发放,主要为了帮助运动员提前加深对检查点位置的了解,加强运动员对检查点的把握以及跑点的流畅性。因此,读懂地图上的信息,结合检查点说明表对点位的进一步描述,对寻找点位能起到互相促进的益处。

(二)检查点说明表的作用

(1)说明该图上路线的组别、长度及爬高量等。

(2)指明所找检查点的顺序及找哪个检查点(检查点代号)。

(3)详细说明检查点的主要特征,运动员可以利用说明快速找到检查点。

(三)检查点说明表的构成

检查点说明表的构成如图 3-38 所示。

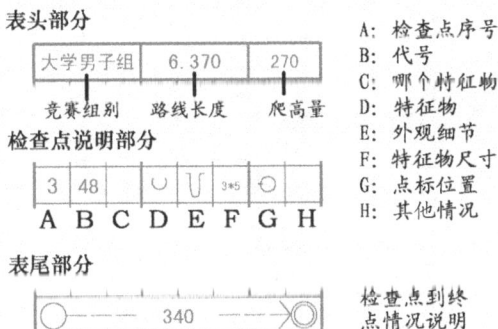

图 3-38　检查点说明表的构成

对检查点说明表的解释:

大学男子组别,路线总长 6 370 m,爬高量为 270 m;

起点在小路与小路交叉处;

1 号点:代号 46,淤泥地,岩石,东拐角;

2 号点:代号 47,在两丘之间,检查员;

3 号点:代号 48,小洼地,深的,3 m×5 m,西侧;

4 号点:代号 49,中间的坑,2 m×2 m;

5 号点:代号 50,东面的林间空地,丛生的,9 m×6 m;

西北部,饮料站;

6 号点:代号 51,上面的陡崖,3 m,脚下;

7 号点:代号 52,山凸,沙地,下部,检查点电台;

8号点:代号53,西北的石块,0.5/2.0 m,南脚下;

9号点:代号54,谷地,浅的,上部;

10号点:代号100;

从分岔标志到终点340 m。

完整路线检查点说明如图3-39所示。

大学男子组			6.370			270	
▷			╱	×	╱		
1	46		≡	∴		⊃·	
2	47		●●			⊡	人
3	48		∪	∪	3*5	○	
4	49	‖‖	∨		2*2		
5	50	→	∴	▦	9*6	○	桶
6	51	⊢	⊓		3.0		
7	52						⚡
8	53		▲		0.5/2	○	
9	54		∧	⌣			
10	100						
◯ ——— 340 ——— ◎							

图 3-39　完整路线检查点说明

地物所在的方位,即哪个特征物如图3-40所示。

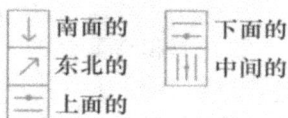

↓ 南面的	⊣ 下面的
↗ 东北的	‖‖ 中间的
⊢ 上面的	

图 3-40　特征物

所在特征物,包括地貌、岩石与石块、水系、植被、人工地物和一些附加符号等。地貌、岩石与石块如图3-41所示,水系、植被如图3-42所示。

配合符号和外观尺寸如图3-43所示。

尺寸,或相关特征物:相关特征物种类、含义;人工地物、附加符号如图3-44所示。

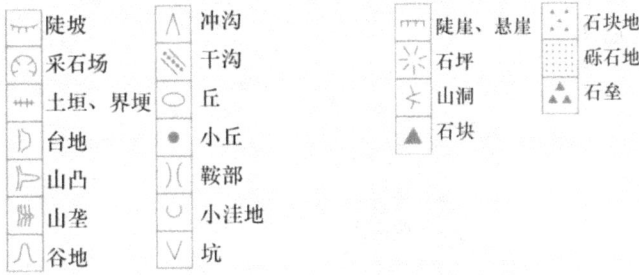

图 3-41 地貌、岩石与石块

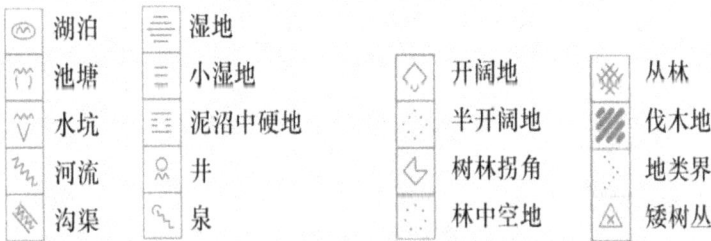

图 3-42 水系、植被

图 3-43 配合符号和外观

图 3-44 人工地物、附加符号

点标与特征物相对位置如图 3 - 45 所示。

其他情况如图 3 - 46 所示。

图 3 - 45　点标与特征物相对位置

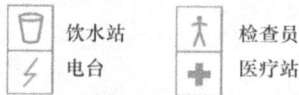

图 3 - 46　其他情况

(四)使用检查点说明表的注意事项

使用检查点说明表要注意两点:一是不要与图例符号(即地图符号)相混淆;二是检查点说明符号本身有不少非常相似,一定要分清并牢记含义。容易混淆的检查点说明符号如图 3 - 47 所示。

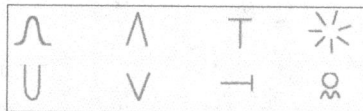

图 3 - 47　容易混淆的检查点说明符号

第二节　指　北　针

一、指北针的发展与分类

(一)中国古代用于指示方向的仪器

(1)司南诞生于战国时期,是由一把光滑的磁勺和刻着方位的铜盘组成,如

图 3-48 所示。磁勺是由天然磁石制成的;铜盘四周则刻有二十四方位,中间的圆槽放磁勺。当用手转动勺子,勺子停下来时,勺把所指的方向,就是南方。

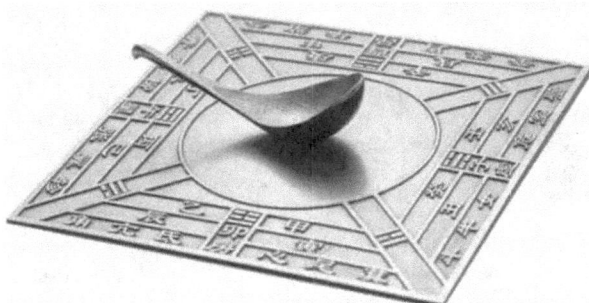

图 3-48　司南

(2)指北针的主要组成部分是一根装在轴上的磁针。磁针在天然地磁场的作用下可以自由转动并保持在磁子午线的切线方向上,磁针的北极指向地磁的磁南极 S,磁针的南极指向地磁的磁北极 N;地磁的磁南极 S 大致指向地理北极附近,磁北极 N 大致指向地理南极附近。利用指北针和地磁的这一性能可以帮助我们辨别方向。

指北针是定向越野最重要的器材之一,它相当于导航仪,帮助我们在户外找到正确的方向。北极星的方向在北方,整个地球的陆地部分主要分布在北半球,地图就是遵循了北半球的地理方位而制,称为上北下南。地图上一般标注的方向为北,根据地图找方向一般都会先找到北,因此也就惯称"指北针"。

(二)指北针的分类

目前,国际、国内使用的指北针款式较多,世界上已出现的指北针类型主要有简单式、液池式、透明式、照准式、电子式等,如图 3-49 所示。指北针多由组织者提供,如要求自备,则可能会对其性能、类型做出原则上的规定。

图 3-49(a)采用进口强磁钢,国内加工生产多用于教学与训练。

图 3-49(b)指针转动平稳,稳定性强。

图 3-49(c)与腕式指卡配合使用可以佩戴在手表上。

图 3-49(d)表面有指北针,一面有温度计的口哨式指北针可用于丛林中比赛,以防走失。

图 3-49(e)带有口哨。

图 3-49(f)指针转动灵活,稳定性强。

图 3-49(g)精细刻度,稳定性强,转动灵活。

图 3-49(h)采用进口强磁钢,国内加工生产,极大地节约成本,降低费用。

便于运动员携带的拇指式指北针,指针转动灵活、平稳,分度盘可以转动。

图 3-49(i)采用进口强磁钢,国内加工生产,极大地节约成本,降低费用。指针转动灵活、平稳。

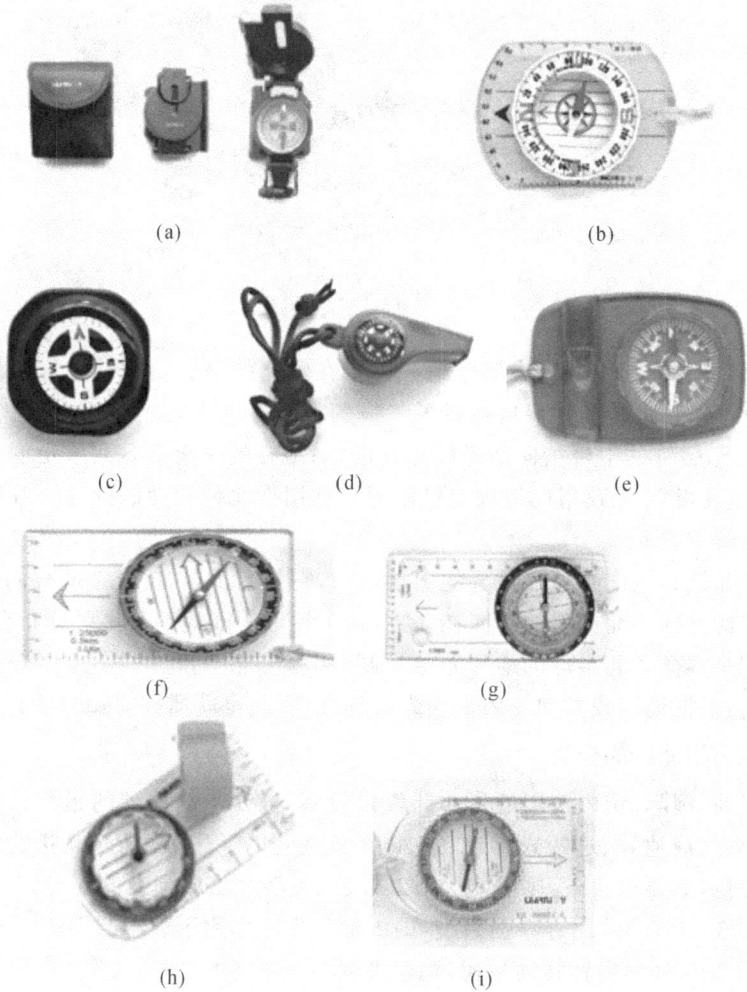

图 3-49　指北针类型

　　(a)军用指北针；　(b)儿童指北针；　(c)简单手持式指北针；　(d)口哨式指北针；

(e)斜挂式指北针；　(f)基板式指北针(基本比例尺版)；　(g)基板式指北针(放大镜版)；

(h)基板式指北针(精确比例尺版)；　(i)基板式指北针(比例尺绘制版)

　　目前,国际上的定向越野比赛常使用由透明有机玻璃材料制作的指北针。定向越野运动员最常使用的是拇指型指北针,左、右手均可佩戴,这也是全球最受定向专业队员们喜爱的一款产品。其表盘内部充液的结构具有良好的性能，部分指针上自带的荧光条能够提供快捷、清晰的可视性，透明的基板能够保证位于其下方的地图有良好的阅读性，针盘上的标志通俗易懂，可调节松紧的弹性带保证了佩戴的舒适性。专业制图员最常使用的是刻度盘型（持握式）指北针，以方便快捷地实地测定磁方位角。定向越野指北针如图 3-50 所示。

图 3-50 定向越野指北针

经过多年的发展，国内定向越野指北针生产工艺也在不断进步，新星指北针底盘基本采用软底材质加硬壳包裹的工艺生产，软底材质可以自动适应不同海拔的大气压强，减少表盘内液起泡现象，而在软底下附上硬壳，则可以有效避免比赛过程中剐蹭底盘、刺穿软底的情况发生。

定向越野指北针主要组成部分是一根装在轴上可以自由转动的磁针，红色端指向北。刻度盘式指北针主要由透明的基板、托架在基板上的充液磁针盒及刻度盘组成，在基板上刻有行进方向的线，用来指出目标检查点的方位，磁针盒底部刻有磁北标定线，用来方便指北针标定地图和确定行进方向。定向越野指北针的构成如图 3-51 所示。

二、指北针的使用

(一)指北针归零作业

(1)将指北针水平放置。

(2)将环外的北方零刻度与环内的指针指示北方的位置重叠。

(二)用指北针给地图定向

(1)将地图与指北针放置水平状态。

(2)转动地图直到地图上的指北线与指针的红色指针平行，即"红红相对"，地图即被定向。

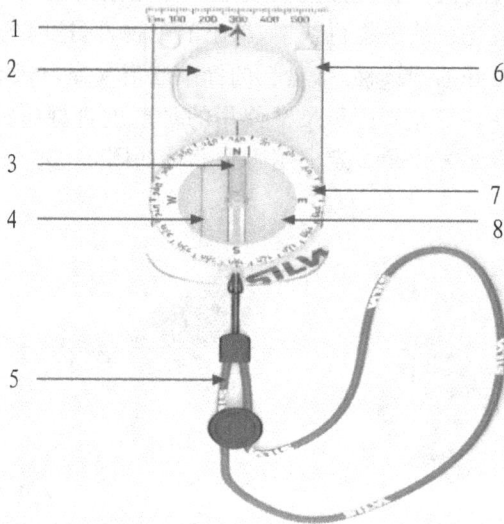

图 3 - 51　定向越野指北针的构成

1—前进方向箭头；　2—放大镜；　3—磁针(红端指北)；　4—磁北标定线；　5—挂绳；

6—基板；　7—刻度盘；　8—充液指北盒

(三)用指北针确定行进的方向

使用指北针配合地图确定行进方向是户外探险和定向越野中的基本技能,以确保准确地按照预定方向前进,详细步骤如下。

1. 准备阶段

放置指北针与地图:确保指北针与地图水平放置,这样可以避免由于倾斜而产生的误差。

确定起点:在地图上找到当前所在的位置,这通常是一个已知的点或者之前设定的标记点。

设定目标:在地图上明确前往的目标位置,并确定大致的行进方向。

2. 指向目标

使用蓝色箭头:将指北针上的右侧蓝色箭头(也称为行进箭头或方向箭头)从所在的位置指向地图上的目标方向。这意味着蓝色箭头应该与地图上从起点到终点的连线方向大致一致。

3. 调整方向

转动指北针与地图:保持指北针上的蓝色箭头指向目标方向不变,同时水平转动指北针和地图(注意是两者一起转动,而不是单独转动指北针)。

校准指北针：转动直到指北针上的红色指针（也被称为磁针）与地图上的指北线（通常是地图边缘的 N－S 线）完全平行。此时，红色指针的北端应指向地图上的"北"。

4．确认行进方向

检查蓝色箭头：完成上述步骤后，指北针上的蓝色箭头所指的方向就是行进的正确方向。这个方向已经根据地图上的方向和当前的位置进行了校准。

5．行进中检查

定期校对：在行进过程中，定期停下来，使用指北针和地图再次检查行进方向。这是为了确保没有偏离预定的路线，尤其是在地形复杂或能见度低的情况下。

保持警觉：注意观察周围环境中的自然特征（如树木、山脉、河流等），它们可以作为额外的参照点来保持方向感。

6．注意事项

确保指北针没有受到磁性物体的干扰，如手机、金属腰带扣等。在使用指北针之前，检查其是否校准准确，以确保测量结果的可靠性。在不同的地理环境中，可能需要调整使用指北针的方法，例如在高纬度地区或存在磁偏角的地方。

三、使用指北针的注意事项

1．金属物品对指北针的影响

金属物品，尤其是含有铁磁性材料的物品，如车辆、照相机、手机等，它们会产生磁场，这些磁场会干扰指北针内部的磁针，导致判读不准确。这种影响可以非常显著，使磁针偏转 $20°\sim60°$ 甚至更多，这对于需要精确方向的户外活动来说是不可接受的。故在使用指北针进行定位或方向判读时，应尽可能远离这些金属物品，与其保持一定的距离。如果无法完全避免金属物品的影响，可以尝试改变身体位置或指北针的角度，以找到受干扰最小的方向。

2．指北针的存放

指北针应存放在远离电磁场的地方，因为电磁场会改变磁针的磁性，导致其失去准确性。除了音箱喇叭上方外，电视机、电脑、电冰箱等电器设备周围也可能存在较强的电磁场，因此应避免在这些地方存放指北针。

3．光照和温度的影响

长时间将指北针暴露在阳光下或高温环境中，会减弱磁针的磁性，影响其准确性和使用寿命。因此，应将指北针存放在阴凉、干燥、通风的地方，避免阳光直射和高温。

4.不适合登山用途的指北针

没有底板的指北针不适合登山用途,因为无法和地图搭配使用。

5.指北针精度

要利用指北针寻找路线时,指北针本身的刻度应该要精确到1°～2°。

思考与练习三

(1)定向运动地图的构成要素有哪些?

(2)检查点说明表的功能和作用有哪些?

(3)定向运动地图具有哪些特点?

(4)了解定向运动地图上比例尺、等高线、等高距、磁北线和磁方位角的概念和作用。

(5)简述指北针的使用方法。

第四章　定向越野基本技能

定向越野是通过奔跑快速读图的运动,根据地图和实际地形选择最佳路线,在不同地形中控制自己的速度,能够读懂地图中各类信息,以最短的时间完成检查点任务。本章介绍定向越野中的路线辨认和方位辨认等技能,针对模拟训练和教学地图制图进行规划。

第一节　地　图　识　别

一、地图符号、颜色识别

地图是由地貌标识、地物标识、比例尺、图例注记以及指北的方向线等组成,标注着关于自然或人为特征以及地形的信息,地形信息由等高点连接的等高线表示。地图的信息在许多情况下并不是所有的细节都有导航作用,如果识别地图上的所有细节只会降低运动的速度和浪费时间。通过周围的环境到达所规定的每个检查点,这条路线必须促使完成任务的时间最短,这一过程就是识图过程。它需要运动员要考虑距离、登高、可跑性以及所存在的障碍物等因素。

定向越野运动员的识图按技术分类包括概略识图和精确识图两种方式:①概略识图是指对比赛地图上标记的两个或多个检查点间的信息进行识别的过程。表现在:两点间距离较长,运动员在观察地图时需将复杂的地物信息或等高线信息进行提取和综合,最终只对关键信息区域进行分析、记忆。定向越野地图如图 4-1 所示。②精确识图是指在接近检查点点位的搜寻过程中,由于点标旗很小,所以在寻找过程中很容易错过,需要选手对周围信息进行精确识别[见图4-2(b)]。表现在:对地图信息尽可能多地读取,准确地寻找参照目标,而且还需要借助检查点说明表信息(为使选手在到达检查点附近之后,不需要花费太多的无谓时间去搜寻检查点点标,IOF 国际定向联合会颁布了一套明确的指示检查点特征、检查点点标的位置与该特征物之间的相互关系的符号和文字说明系统),更多地根据给予的信息确定搜寻路线。两者的区别在于任务的目标及注意范围的差异。

图 4-1　定向越野地图

二、图地对照识别

图地对照识别是情景识别的认知过程,可以看作是一个典型的知觉过程。地图上的每一个符号和颜色都对应着一个实地的场景,制图员根据定向地图规范将实地信息绘制成定向越野地图,运动员需将地图信息表征成实地景象,进行实地识别。

定向越野地图[见图 4-2(a)]检查点号码为 31,运动员应根据地图信息及检查点信息在实景中快速搜索,搜索前需保持地图和实景的方位一致,实景中[见图 4-2(b)],点标旗设在灌木丛的西南角,答案为 3。

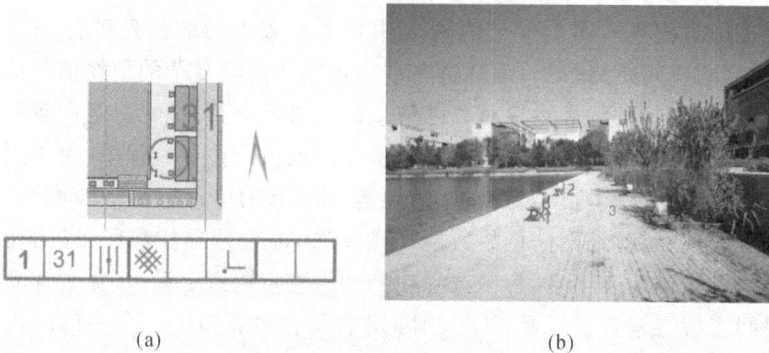

(a)　　　　　　　　　　　　　　(b)

图 4-2　定向越野图地和实景

(a)定向越野地图;　(b)实景

三、地图识别的动作技能

定向越野地图一般为 A4 纸张大小,受实地范围影响也会出现 A3 纸张。运动员在行进中,为更好地集中注意力识别地图信息,需折叠地图,使折叠后的面积变小,让所搜索的信息更为集中,便于快速识别地图信息。在整个运动中,运动员需不断改变地图折叠区域。

(1)用拇指压于站立点上(可以把拇指想象为自己——缩小到图中的自己),大拇指指尖随着实地位置变换而移动指尖在地图上的位置。

(2)在跑图的过程中,你的右手拇指要随着你的跑动而变化,随你的位置移动而移动,这样你就会一直知道自己的位置。此外,在你跑动的过程中,你要随时地用参照物确定自己跑动的方向是正确的,用大的参照物确定自己的位置。在没有大的参照物的时候,你也可以用特殊的参照物来确定自己的位置,如大石头、石坑、土坑。

在定向越野比赛中,要求运动员边跑动边识图,如何快速完成地图信息的视觉搜索,决策出合理路线和寻找攻击点是完成比赛的关键。视觉搜索过程中要求运动员尽可能多地读出周围必要的地物,搜寻视觉信息,从中提取相关的信息寻找目标点,平衡识图与目标搜索之间的关系。在最短时间内,正确、有效地选择路线,需要运动员具备较好的视觉搜索能力,快速地提取地图信息。同时不断调整地图的方位,并看清前方地形,注意身体两侧的地形特征,但尽量不要把时间浪费在核实地形上。

第二节　方位辨认

方位指方向和位置,定向越野的实质是用最短时间寻找目标,完成比赛任务。要想尽快寻找到目标,首先要辨明方向、判定位置,即知道自身实地所在位置,并能够在地图上找到站立点,在此基础上确定自身与目标的方向和位置。运动员对于比赛场地都是未知的、陌生的,方位辨别是整个竞赛的核心,有好的方向感并能够快速、准确地确定自身站立点是取得比赛胜利的关键。方位辩认技术主要包括标定地图、确定站立点、迷路后的方位重新定位。

一、标定地图

标定地图的目的是将地图的方向与实地方位保持一致,常用方法主要包括以下四种。

(一)概略标定地图

地图的概略方向是上北下南。在一个熟悉的场地,你熟知北的方向,只要将地图上边对好实地北方,或用指北标志对准北方,即为概略标定地图。可通过磁北线方向和定向检查点序号字头的朝向来对准现地北的方位。

(二)利用指北针标定地图

地图与指北针分别握于不同的手中,将地图折叠成合适的大小,使指北针的指针与地图的边缘平行,用你的拇指指出自己所处的位置。将刻度盘式指北针放置在地图之上,将自己目前所处位置与目标位置利用指北针上的箭头线连在一起。标定地图之后,将你的身体转向正确的前进方向,从当前位置到目标位置,与地图一起转动身体向目标前进。在奔跑过程中,明确并记住指针所指的方向在表盘中对应的颜色或者符号。用一只手中的指北针进行导航,而地图则在另外一只手中,要养成每次阅读地图的时候都自觉检查你前进的方向以及你是否处于正确的位置的习惯。定向越野标定地图如图 4 - 3 所示。

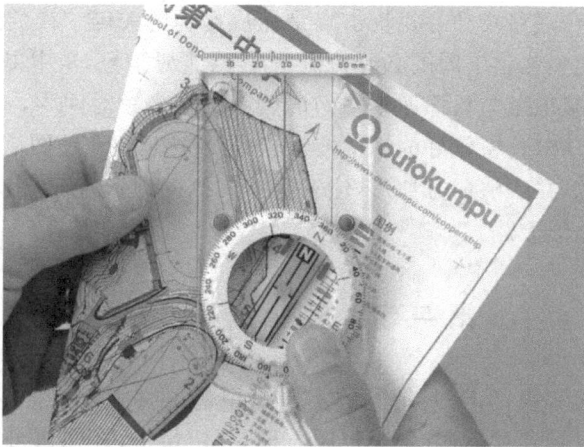

图 4 - 3　定向越野标定地图

(三)利用长直地物标定地图

当运动员行进到如长直道路、围栏等直线较长地物时,只要将图上长直地物符号与现地相对应地物重合放置(注意不能反向 180°),即将地图标定好。在实地中间是一条小路,那么在地图上找到对应的小路,让其方向与实景一致即为标定地图方向,但还要认真比对两侧不同的山形或小路,保证不会 180°方向错误。

(四)利用明显地物标定地图

利用明显地物标定地图是户外导航和定向越野中的一项重要技能,它可以帮助我们快速准确地确定自身位置和方向。

(1)房屋。在我国,尤其是北方地区,由于气候和采光等因素,房屋的门通常朝向南方。因此,当你看到一排房屋时,可以假设其门朝向南方,并据此推断出其他方向。

注意:这一规则并非绝对,特别是在城市或现代建筑中,由于规划、设计或特殊需求,门的朝向可能有所不同。但在农村地区或传统建筑中,这一规则通常较为准确。

(2)庙宇。庙宇作为宗教建筑,往往也遵循南向设门的传统,尤其是庙宇群中的主要殿堂。这是因为南向可以获得更好的采光和通风效果。

通过观察庙宇的朝向,你可以迅速确定南方,并据此推断出其他方向。

(3)树木。树木的生长习性受到阳光照射的影响,因此朝南的一侧通常会更加茂盛、色泽鲜艳、树皮光滑。而朝北的一侧由于接受阳光较少,枝叶可能相对稀疏、色泽暗淡、树皮粗糙。此外,朝北一侧的树干上还可能生长青苔等喜阴植物。

通过观察树木的这些特征,你可以大致判断出南北方向。

(4)凸出地物。对于墙、地埂、石块等凸出地物来说,其北侧由于接受阳光较少且可能受到周围环境的遮挡(如树木、建筑物等),基部往往较为潮湿,并可能生长苔类植物。

通过观察这些地物的潮湿程度和苔类植物的分布情况,你可以推断出北方方向。

(5)凹入地物。河流、水塘、坑等凹入地物的北侧边缘情况与凸出地物相似,也可能因为接受阳光较少而显得较为潮湿并生长苔藓植物。特别是在冬季或早晨等温度较低的时候,凹入地物的北侧可能会结霜或结冰较早,这也是一个判断方向的线索。

二、确定站立点

确定站立点是定向越野方位辨别的一项基本技能,选手行进中需时刻知道自己的位置在哪里。只有确定自己的位置,才能够正确行进。

(一)利用明显地物、地貌特征确定站立点

对照地形,就是使图上和实地的地形、地物一一对应起来。在没有确定站立点时,需正确对照地形、地物,根据相关位置确定站立点。如果站立点确定,但需要改变前进方向时,也需对照地形、地物,使自己沿着选好的正确路线前进。对照地形地物的要领是:先明显,后一般,点、线与面紧相连,左右远近仔细看,逐段分片记心间。如果自己处在明显地形、地物点时,只要从图上找到该点,那么站立点即可确定。

(二)利用"交会法"确定站立点

这种方法适合在周围没有明显点且视线较开阔时使用。技术要点:首先标定地图,其次选择离站立点较远的点,地图和实地都有两个以上明显点,在实地交会。交会点就是运动员所在的位置。

三、重新定位

发现自己走错了或者是判定按正常速度应该找到检查点而没有找到(这是初学者经常遇到的),出现这种情况,运动员首先要保持镇静,千万不能慌乱;其次调整自己越野的步骤,寻找解决的办法。解决的方法有两种。

(一)重新判定站立点位置

如果能确定站立点在地图上的位置,则重新选择越野路线寻找下个检查点。

(二)按原路返回

在无法确定站立点位置时,只好按原路返回刚才的检查点位置,再选择路线行进。对于初学者往往会跑出路线范围之外,或跑出地图。如果是此类情况,只好请求别人帮助或进行野外自救,以确保安全回到终点。

第三节　路线决策

定向越野是需要在未知地带独立完成的比赛项目,路线的选择也是要自我决策的。从一个点到另一个点的路线有很多的选择,一般会出现三条,分别为左、中、右三条。一条好的路线,特点是体能消耗最少、花时间最少。选择一条好的路线可以帮助运动员节省大量的时间并最终赢得比赛,尤其是在野外地形条件复杂的情况下更是如此。路线选择要因人而异,在遵循安全、路线距离、爬高量、植被情况等注意事项的原则下,需要从自身优势、技术掌控能力、障碍及地物、地貌进行综合考虑,以此选择出安全、快速、省时省力、最能发挥自身优势的最佳路线。

一、路线选择的基本原则

路线选择是定向越野比赛中至关重要的决策点,它不仅影响着运动员的行进速度和效率,还直接关系到最终的比赛结果。在前往下一个检查点之前,深思熟虑地选择一条适合自身优势和条件的路线,是取胜的关键因素之一。

(一)路线选择的相关因素

(1)自身体能状况。①耐力与速度:评估自己的耐力水平和速度能力,选择能够持续保持高效行进且不过度消耗体力的路线。如果耐力较强但速度不是优势,可以选择较为平缓但距离稍长的路线;如果速度较快但耐力有限,则应尽量选择短程且快速通过的路线。②体能恢复:考虑在行进过程中可能的休息和体能恢复点。选择那些能够提供遮蔽、平坦地面或水源的地点作为临时休息站,以便在必要时进行短暂的休整和补给。

(2)评估自身技能水平。①导航技能:根据自己的定向技能和地图阅读能力,选择那些标记清晰、易于辨认且不易迷路的路线。如果导航技能较强,可以尝试一些更为复杂但效率更高的路线;反之,则应选择更为直接和简单的路径。②地形适应能力:评估自己对不同地形的适应能力。例如,擅长山地奔跑的运动员可以选择具有挑战性的山坡路段;而擅长林间穿越的选手则可能更倾向于选择密林中的小径。

(3)外部因素。①天气与气候:考虑当前的天气状况和气候条件对行进路线的影响。例如,在雨天或湿滑的地面上,应选择较为平坦且不易滑倒的路线;在高温天气下,则应选择有树荫遮挡或水源附近的路线以减少体力消耗。②竞争对手:虽然定向越野是个人项目,但了解竞争对手的动向和策略也有助于制定更合理的路线选择策略。例如,如果知道某个竞争对手擅长爬坡但速度较慢,你可以考虑选择一条以速度为主的路线来拉开差距。③实时监测:在行进过程中,通过观察和感受自身状态以及周围环境的变化来实时监测路线选择的合理性。如果发现所选路线过于艰难或存在不可预见的风险,应及时调整策略并寻找新的行进路线。④果断决策:在关键时刻要能够迅速做出决策并付诸行动,不要犹豫不决或过分纠结于某个细节问题而错失良机。

(二)路线选择的基本原则

(1)有路不越野。地图现势性强,点与点之间道路参照物明显,可以选择"有路不越野"。因为道路有利于奔跑中寻找明显的参照物,图地对照,随时明确站立点,不易迷失方向。由于野外场地环境密灌丛生,越野与道路相比,在道路上容易确定站立点,道路光滑平坦,有利于提高奔跑速度,使运动员更具信心。

(2)走近不走远。如果两点之间起伏不大,距离不远,树林稀疏,通透性和奔跑性较高,应标定好地图,确定方向,"走近不走远"。

(3)走高不走低。路线选择时,如果检查点偏山地上方,在选择路线时尽量往高处走,避免在低处行进,以便确定检查点方向。地势高,方便往下观看,能明确站立点位置和保持前进方向。

图4-4中,从1号点到2号点有两条路线选择:左侧路线沿小路到达山谷,沿山谷上山到达山脊上的小路,沿小路攻击目标点;右侧路线先到达山脊底部,沿山脊到达山顶的目标点。选择左侧路线会出现站立点不明确、通行困难的问题;选择右侧路线视野开阔,由于在山脊通行较容易。应选择右侧路线。

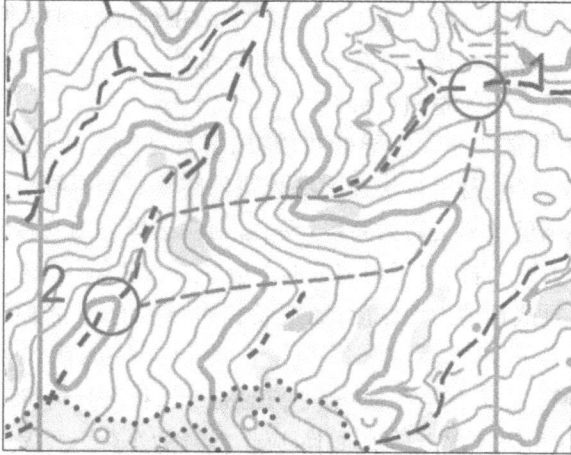

图4-4 定向越野路线决策

二、路线选择的方法

(一)扶手法

当检查点位于线状地形或其附近时,可以采用此方法。行进时,要先明确自己的站立点,标定好地图,确定出检查方向,然后利用易辨认的地形地貌作为参照物,如冲沟、河流、小溪或电线等线状物体,作为引导前进。

(二)攻击点法

当检查点附近有高大或明显的地形地貌时,可以采用此方法。行进时,要先明确自己的站立点,标定好地图,确定出检查点方向,然后利用明显的物体作为参照物,如建筑物(在野外可选择其作为参照物,但村落应尽量避免)、高塔、路的交汇处或拐弯处等,到达攻击点后利用指北针标定好地图,确定检查点的前进方向,从而提高准确性,再寻找检查点。

(三)偏向瞄准法

当检查点位于线状地形或其附近时,如果直接瞄准方向直奔点位,往往都会出现方向偏移,导致这样的原因是在奔跑中因躲避灌木丛、沼泽地等而偏离了原有路线。凭我们计划路线和方向前进后,会出现不清楚检查点位置,不明确该往哪里跑,从而丢失站立点。反之,在选择路线时就有意识地把目标方向往左或右偏移一定的角度,则到达线状地形后就能明确检查点的方向。

(四)水平位移法

水平位移法实际就是平滑等高线,在山体的一侧沿着等高线平行,不上也不下的一种跑法,适合两点之间距离短,在复杂地形或两点之间距离长不建议用此方法。

运用这种方法要注意以下几点:

(1)站立点或参照物与检查点在同一高度。

(2)站立点或参照物与检查点之间植被可通行。

(3)由于躲避树木的原因,会导致方向偏移,在出发前应标定好地图确定放行,往前看盯住前进的方向,在跑的过程应尽量控制上下的纠正。

(五)导线法

当站立点距离检查点较远,中途地形复杂,我们应该跳出凌乱区,可以采用此方法。把一条路线分成若干个部分,在每个部分选择一个明显的参照物,一环接一环地把各个部分的参照物串联起来,从而保证行进方向和路线的准确性。

三、路线决策的基本方法

选择适合自己的路线:路线选择决策是考虑参赛者体能、技术、心理技能和战术能力的综合体现,但每位参赛者都有自己的特点,因此在定向越野中没有最好的路线选择,只有适合的路线选择。

路线决策的基本方法如下:

(一)提前选择路线

运动员在准确定向时应减慢行进速度进行读图,接近检查点时,提前规划好下一个检查点的路线选择,快速读图。

(二)逆向路线选择

逆向路线选择是指从目标点向已知点确定路线,这种方法是高水平运动员在比赛中常用的。逆向路线选择虽然有点不同于初学者的习惯,但对高水平运动员来说,采用这种读图方式,能够尽快选择出目标点附近明显的参照物,目标点到已知点途中无效的信息可以忽略,方便提取有效信息。

第四节 距离感知

一、距离感知技术的概念

定向越野运动的重点在于地图与实地结合,主要考察定向越野运动员借助地图比例尺对实地距离做出正确判断的能力。这就是业界常常提起的距离感知技术,它需要运动员通过日常重复训练,不断运用目测、拇指量读或指北针的刻度尺量读等方式积累形成。其作用是确保定向越野运动员在有效的范围内,快速做出下一步选择和对路线执行的情况给予确认。

距离感知技术是定向越野运动员必须具备的基本技能之一。在毫无参照的情况下,选手直线穿越一片平缓地形时能否通过距离感知技术准确安全地到达点位,是衡量高水平运动员的重要标准之一。尤其在长段落的直线穿越中,选手跑着跑着就不知道跑了多远,总会出现"在点位附近或路线途中迷失站立点"和"不清楚自己到底是偏离了还是错过了点位"等重大失误。换言之,选手需要建立已知距离的感知,进而预测即将奔跑的距离。

二、步测距离与时间感知

(1)计算出自己每 100 m 的复步数,建立直接把图上距离换算为复步数的公式。技巧:通过前半路段的步数推断后半路段的步数。提示:使用距离不宜大于 200 m。

(2)计算出自己每一步的步幅长度,将需要跑动的图上距离换算成实际距离,再除以步幅长度,得出需要跑动的步数。技巧:记录下在各种地形跑步训练时的步幅。提示:上山和下山的步幅大小不相同。

三、地图与实景距离感知

在定向越野比赛中,准确目估图上距离和实景距离,并考虑地貌起伏等因素的影响是制约比赛胜负、提升运动成绩的关键技能。距离感知能力是定向越野运动员将地图比例转化为实景中实际距离的重要保障,并且空间距离感知能力在帮助定向越野运动员进行空间定位时发挥了极其重要的参照作用。

第五节 点位攻击

一、定点攻击法

如果点位附近无明显参照物或地势复杂,不利于直接攻击到点位,则需通过借助较为明显的参照物进行判断,抓住靠近检查点附近的地形地貌、主要特征,快速接近检查点。如图4-5所示,点位位于较为平缓的地形,若选择直线攻击点位,存在一定的风险。可以先到达建筑物西侧,穿越路后到达湖泊东侧,再攻击小山到达目标点。

二、借点法

当点位旁边有高大或明显的地物或地貌点时,要尽可能从接近点位的地物或地貌点一侧接近入手。首先找到明显地物或地貌点,其次根据图上明显点与点位的相对位置,判断点位的实际位置。若点位附近的明显点有多个时,挑选其中一个即可,而后快速前进(见图4-5),2号点的点中心是土坑,土坑是凹陷于地面的地貌,即便是在可视性高的白林地区,运动员肉眼也很难发现。可以先攻击容易找到的建筑物,借助建筑物再攻击目标点位。这样会比直接找土坑更快速、更安全。

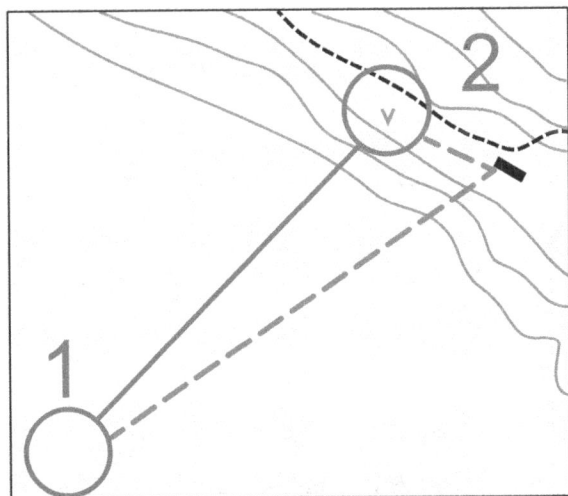

图4-5 定向越野路线决策借点法

三、提前偏差法

当检查点位置处在线状地物附近,而且该线状地物的走向与站立点到检查点走向形成锐角夹角时,如果按方位角行进,由于地形影响有可能出现偏向(这种偏向是不确定的,或是偏左、或是偏右),存在错过点位的失误隐患。在这种情况下,运动员可以提前有意偏向一侧顺延行进,遇到线状地物时再向另一侧运动,则很快找到检查点(见图4-6),B路线提前偏到河流左侧,就可以知道目标点在左边,顺着通向检查点的特征地物到达检查点。

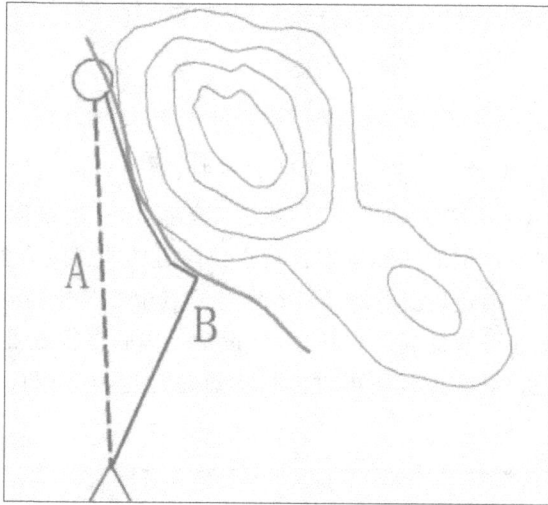

图4-6 定向越野路线决策提前偏差法

第六节 模 拟 训 练

通常把模拟比赛而进行的训练简称模拟训练。训练时,应遵照由易到难、由浅入深、循序渐进的原则进行。

一、模拟训练概述

开始时,训练场地的地形条件应该简单;检查点要少,点标应放在比较容易寻找的地方;运动路线也不宜太长。这样经过适当训练后,可逐步增加训练难度,直到检查点的个数和全程距离都达到或超过(控制在20%以内)比赛时允许的最大值。选择符合或稍难于比赛规定的训练场地。最好是每天应更换场地,并且规定最大允许耗时。计算公式：

$$允许耗时＝全程距离÷速度＋各检查点作记时间$$

这一步训练要求运动员"准""快"并举。训练结束后，由教练员讲评用图技能与运动速度。

二、模拟训练方法

(一)重复法(复次法)

这是一种重复训练的方法。因为在训练初期，大多数运动员出现的共性问题是：一是不能快速、准确地选择最佳运动路线；二是不能保证自己按定向运动地图上已确定的路线前进。针对上述问题，待全体运动员到达终点后，由教练员带领运动员从始点出发，按运动中图地对照方法沿原路线重走一遍。在重复练习中，让运动员认真总结成功与失败的原因，达到吸取教训、交流经验的目的。这种训练应在当天完成，否则效果不佳。

重复法训练采用"闭合—线式"路线比较好，因为始点距离终点很近，可节省返回始点时间；并且这条路线是大家共同走过的路线，所以有利于运动员之间进行比较，提高重复训练效果。另外一个原因是，反向运动的重复训练效果不佳（即由终点至始点的重复训练）。

(二)记忆法

记忆法又可分"记忆运动法"与"运动记忆法"两种。

(1)记忆运动法是一种训练难度较大的方法，往往用于训练后期。它不但要求运动员具有较高的用图水平与定向运动技能，而且还要求运动员具有良好的记忆能力。否则训练效果不好。

具体方法是：要求运动员在限定的时间内记住 1 号检查点的地形特征、方位、距离。从始点出发，运动员不准携带地图，完全凭记忆按自己确定的最佳路线前进，到达 1 号检查点作记后，再根据该检查点上所附的地图上标出的 1 号检查点与 2 号检查点的位置，用同样办法在实地选好路线并记住，然后出发找点（每个检查点都至少附一张定向运动地图供选择路线使用），以此类推直至终点。

(2)运动记忆法。所谓运动记忆法是指"记忆运动法"训练结束后，让每个运动员完全通过回忆把自己走过的路线与检查点的位置标绘在地图上。这种训练方法有利于提高运动员的记忆能力，为记忆运动法训练打下良好基础。

模拟训练时，一定要有针对性，场地选择尤为重要，必须接近赛场实际。训练难度也尽量与实际比赛相适应。

对运动员进行系统的技能训练、体能训练与心理素质训练。训练要从难、从严要求。训练目的要明确,训练方法要灵活,训练重点要突出。在训练过程中要经常总结经验教训,提高训练效果。

第七节 简单教学地图的制作

地图是定向比赛中的必需品,如没有成图(已绘制好的定向图),则需自己来绘制地图。如前所述,地图存在不同比例尺和详细、准确程度上的差异,有小型级地图 1：100～1：200,运动场地图 1：500～1：2 000,公园/森林地图 1：2 000～1：10 000。

在这一节中将较深入地介绍如何绘制不同比例尺和不同质量的定向地图。

一、初级教室地图

装备:两张白纸;一个夹子;一把尺子/指北针;一支铅笔;一块橡皮。

第一步:先确定地图的边界线(如教室的围墙),然后测量出墙到墙之间的距离。虽可用一些测量工具,但最简单的方法是使用步量法。如采用步量法,则需预先控制步幅在大约 1 m。一个高个子的人正常步幅大约为 1 m;而一个身材稍矮的人步幅可能为 50～60 cm。为方便起见,可用 50 cm 的步幅来测量。在测完长度后,即该确定比例。对于一个不太大的教室来说,用 A4 或 A5 的纸,比例尺一般定为 1：100 或 1：200(有时也用 1：150),如比例尺是 1：200,那么一个长 28 m,宽 16 m 的教室在地图中的大小是多少呢? 答案是 14 cm×8 cm。

第二步:在确定了边界线后,就可开始进一步测量那些较大的物体,如讲台,桌椅等。

第三步:再测量一些小的物体,如花瓶、扬声器等。当然,这张地图的详细度是由绘图者自己决定的,但应注意的是,一张简单而精确的地图远比一张详细但不准确的地图要好得多。

第四步:做图例说明表,来解释地图上的细节都分别代表什么地物。

第五步:建议在地图中标明正北方向。

现在一张简单而准确的教室地图就完成了,可用这种地图举办小型的竞赛来教学生或其他人体验定向运动。对于初学者来说,用这种办法来学习定向运动和识图是非常简单而有效的。

二、中级运动场/校园地图及高级比赛地图

该地图制作一般要经过以下几个步骤。

(一)选择合适的地形区域

地形区域的选择:单个学校或多个校园连在一起的教育园区,中小型的公园,森林公园,农场、果园等。(适合初学者)具有足够丰富的地物,且能够被标识在地图上的区域;没有主干道穿越当中的区域;能够明显区分边界的区域(适合中级水平)。此外,选择合适的区域取决于赛事的目的。如果只是举行一些介绍性质或者初级赛事,那么地图所需的区域在 400 m×400 m 左右就足够了;如果是一个具有一定规模的赛事,那么,1 000 m×1 500 m 的区域就足够完成一张 A4 纸大小比例为 1∶5 000 的地图了。

大型比赛:森林覆盖好,相对高差不大(50 m 左右),林下通行性好,地形比较复杂的丘陵地区最好(适合高级水平)。

(二)获得场地区域使用的许可

获得场地区域所有者的使用许可:开始制作地图之前,还有一个十分重要的环节不能忽略,那就是获得场地所有者的使用许可。那么,应该找哪些部门去获得这样的一个许可呢? 通常情况下,可以根据场地的不同情况前往,具体为:

(1)学校的主管部门;

(2)公园的园林管理处;

(3)公共绿地所在地区的街道管理部门等;

(4)土地所有者的管理部门。

(二)获得合适底图

适合作为底图的地图有以下几种。

(1)国家基本地形图。

优点:相对便宜;获得容易;具有精确的"骨架"。

缺点:对树林的表示不准确不详细;等高线的表示太简化;更新周期长,地图可能很过时;大部分定向越野运动需要的地物及特征都没有。

(2)建设规划图。包括城市、道路、水利、绿化建设领域使用的规划及已竣工区域的大比例的地形图资料,它们的比例尺从 1∶200 到 1∶5 000 不等。

优点:精度很高;相对便宜;有数字地图供使用(比地形图更常见)。

缺点:只在有工程的区域可供使用;其现势性取决于当地的建设需要;并非所有地图资料都有等高线。

(3)航片地图。这种航空拍摄的地图,目前已覆盖我国的发达地区和部分领土区域。国外还有局部航片图可用,我国部分地区有,但费用很高。

优点:可能非常新(由飞行的日期决定);覆盖的区域非常大;对绘制定向地图来说,在空旷、半空旷的地区非常有用。

缺点:如果摄影设备简陋,拍摄人员不专业,照片可能变形较大,价格也不便宜;在林区,航片所表现出来的特征物非常少。

(四)确定地图成图比例尺

比例尺的选取:可以根据场地的大小及赛事活动目的而定。

对于校园地图,大小最好不超过 A4 大小,比例一般比较大,可以为 1∶1 000、1∶2 000、1∶3 000、1∶4 000 及 1∶5 000 等。

对于公园地图,大小最好为 A4,不能超过 A3,比例尺可以选择 1∶5 000、1∶7 500 及 1∶10 000。

大型比赛:按国际定向地图规范要求:短距离:1∶4 000 或 1∶5 000;中距离和长距离 1∶15 000 或 1∶10 000。

(五)确定定向地图的色彩

当前,一般都采用 OCAD 软件来完成地图的后期绘制工作,OCAD 软件使彩色地图的制作变得十分简单。但是地图的印制需要一定的花费,因此赛事的组织者可以根据自身的经济情况以及赛事的规模来决定比赛地图的色彩。对于一般的学校俱乐部来说,彩色地图的印制需要的费用会比较昂贵,操作起来比较困难,也可以采用黑白的地图来作为训练地图;当组织具有一定规模及水平的赛事时,彩色地图以其丰富的信息量和时效性不但能使运动员读图更清晰,而且也能确保比赛的公正性,此时就必须采用彩图。

(六)到场地进行实地测图

(1)检查南北方向线。确认地图上的方向指示是否准确。很多地图会在边缘或角落标注明确的指北箭头或方向线。如果对地图上的方向指示有疑问,可以使用实际环境中的长而直的地貌特征(如道路、河流、山脊等)作为参照物,通过指南针或太阳位置(在白天)来验证地图上的方向是否正确。

(2)验证比例尺。使用地图上的比例尺与实际环境中的明显标志物(如建筑物、桥梁、大型树木等)进行比较,以验证地图的比例尺是否准确。

这一步对于估算行进距离和判断地图细节的重要性至关重要。

(3)确定地图边界线。选择一个相对封闭且面积较小的区域(如围墙内的院子、公园的一角等),沿着这个区域的边界行走一圈,同时对照地图上的边界线进行验证。这有助于确认地图对实际地形的描绘是否准确,包括边界线的位置和形状。

(4)测量较小物体。在确认了大范围的地形和边界之后,可以进一步细化地图的准确性,通过测量和标注地图上的较小物体(如路灯、垃圾桶、特定树木等)来增强对地图细节的掌握。这不仅有助于提升导航的精确性,还能在紧急情况下作为额外的参照点。

一次测完一个完整地区：强调了在检查地图时要保持连贯性和系统性，避免零散地检查各个部分。通过一次测完一个完整地区，可以确保对该地区的地图信息有全面而准确的理解，减少遗漏和错误。

(5)使用彩色自动铅笔。这是一个实用的建议，使用彩色自动铅笔可以在地图上做出醒目的标记和注释，帮助记忆和导航。不同的颜色可以代表不同的信息或状态(如已检查区域、障碍物、重要参照点等)，使地图更加直观易懂。

(七)计算机作图工具

计算机作图工具 OCAD(Orienteering Computer-Aided Design)是一款专门用于定向越野线路设计的软件，其制图方法及流程通常包括以下几个步骤：

(1) 准备底图文件：底图文件可以是 OCAD 底图文件，也可以是图片格式的底图文件(如 bmp、jpg、tiff、png、gif 等)。这些底图文件将作为线路设计的基础，如图 4-7 所示。

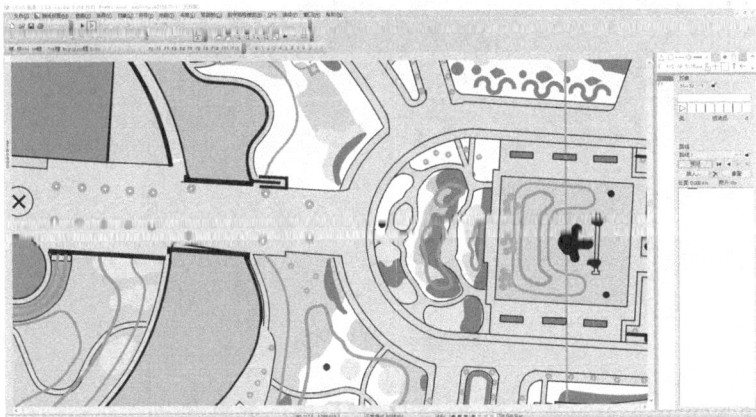

图 4-7　底图

(2)新建线路文件：在 OCAD 中，点击新建菜单，通过线路设计菜单选择定向运动路线设置，如图 4-8 所示。然后根据需要选择相应的线路设计规范(如 ISSprOM2019)，并设置合适的比例尺。选择路线预览进行查看点位的布置，如图 4-9 所示。

(3)设计比赛线路：

1)添加线路和组别：通过线路设计菜单，点击线路并打开线路管理器，然后添加新的线路并设置线路名称。接着，在线路设计菜单下选择组别并打开组别管理器，可以根据线路自动生成组别，也可以手动增加组别并匹配线路。

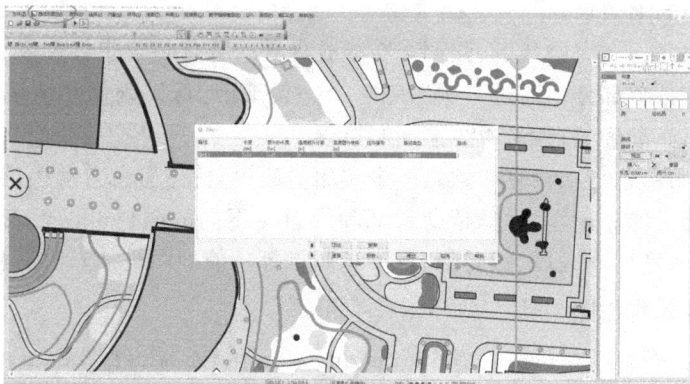

图 4-8　路线设置

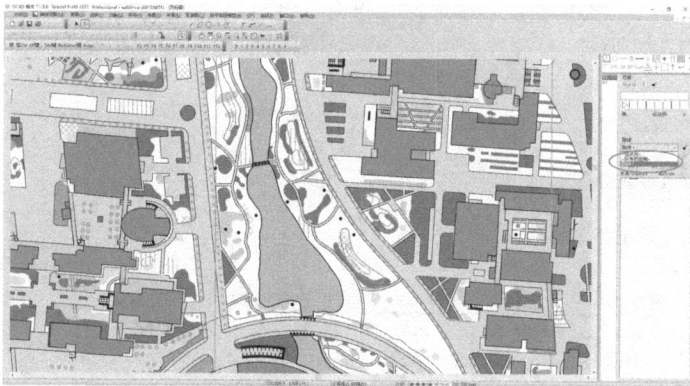

图 4-9　路线预览

2)添加起终点：在选定的区域使用符号栏中的起点和终点符号，如图 4-10 所示。在地图上指定的位置单击鼠标即可添加起终点。

3)设计线路和添加检查点：避免先添加全点再设计线路的方式，以免影响线路质量。建议使用新版 OCAD 中直接快速在路线上添加点的功能来设计线路和添加检查点。

(八)实地复查修改完善

实地复查是保证地图质量的一个相当重要的步骤。这个步骤通常是在实地测绘之后进行的。通过这样的工作，可以统一地图的风格和详细程度。这项工作可以由团队的某个成员担任；若地图由某个人独立制作，那么最好由不同的人员来复查比较合适。实地复查的角色不是对已测绘的区域进行再次的测绘，而是为了使地图的风格和地物取舍标准最大限度地统一。

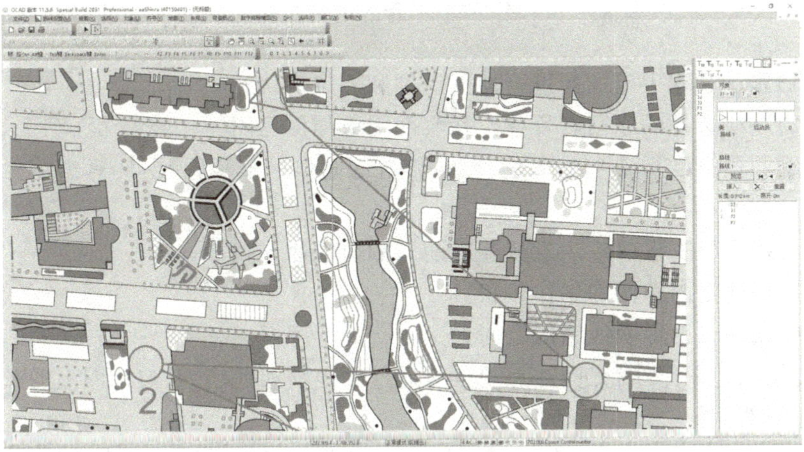

图 4-10 设计路线

(九)印制定向运动地图

可用较好的彩色打印机打出，也可送印刷厂印刷。

三、图面整饰

（1）使用版面设计：通过版面菜单进入版面文件编辑界面，可以插入线状符号、面状符号和文字符号，以及插入图片。版面文件独立于地图和线路设计文件，可以单独进行设计编辑，并保存为独立的文件供其他OCAD文件读取。

（2）调整位置和层次关系：在版面文件中，可以自由调整所有插入元素的位置以及层次关系，并选择是否显示。

四、导出和打印

（1）导出图面：线路设计完毕后，经检查无误后，可选择导出需要的图面。通常建议选择 PDF 格式，并设置合适的分辨率（如 300dpi）。

（2）打印或印刷地图：根据需求选择打印或印刷地图。打印是较为直接的方法，但价格可能较高；印刷则纸张价格较低，但需要一定的印刷数量。若选择印刷，则需要导出适合印刷的文件格式（如 eps），并确保文件的分辨率达到印刷要求（如 200 dpi 以上）。

思考与练习四

(1)跑动过程中应如何进行地图识别和方位辨认？

(2)路线选择的原则有哪些？在实践中应如何运用？

(3)测量自己行走 100 m 的步数,给自己制作一个步幅尺,计算出需要跑动步数。

(4)捕捉检查点时应注意哪些问题？如何快速寻找检查点？

(5)简述定向地图的制作步骤。

(6)用一张已标明线路的定向地图进行如下练习:

1)按照地图路线行进,注意观察所通过的地物和地貌,并与地图上的颜色和符号进行对照。

2)按照定向地图的公路、小径、小溪、电线杆和田野边缘等线形地貌行进,并用彩笔画出你的行进路线。

3)在地图上选择一个点作为出发点,在它的周围选择若干个目标点,利用指北针分别给各目标点定向,并沿着它前进,找到该目标点。

第五章　定向越野运动员技能素质训练

定向越野奔跑技能需要正确的跑姿、速度与耐力的平衡,奔跑技术的正确性能够较好地解决遇到不同难度地形的适应能力。与此同时更要具备强大的心理素质。本章为奔跑技术的合理性、心理素质及情绪管理方面提供全面指导,引导学生科学进行训练和意志品质的提升。

第一节　定向越野运动的奔跑特点及基本要求

定向越野运动的成绩,一方面取决于野外识图用图能力,另一方面则取决于在比赛中能否发挥更大体能优势。也就是说,在体能方面也必须经过科学训练。

一、定向越野运动的奔跑特点

定向越野运动的奔跑属于越野跑,即在野外举行的田径项目,是培养运动员机智、勇敢、坚毅、耐力的好方法,因此,中长跑与马拉松运动员常用越野跑来进行练习。其奔跑特点是:越野跑是发展耐力的项目,长时间紧张的肌肉活动是它的特点。在奔跑中尽量利用外界条件与自身的生理与心理条件,避免不必要的疲劳和能量消耗。在运动过程中,掌握正确的技术,提高肌肉的用力和放松能力,这样才能跑得轻松协调,身体重心平稳,有良好的节奏感,合理地分配体力。

二、定向越野运动奔跑的基本要求

定向越野与其他长跑项目一样,奔跑时必须突出轻快、省力、节奏好的特点。要达到这一目的,运动员必须始终注意以下几点。

(1)身姿。直体姿势上体前倾,其倾角大小与速度成正比。跑的速度越快,上体前倾角度越大。在前倾的过程中,要尽量保持身体各部分(头、躯干、臂、臀、腰、足)动作的协调性,利用奔跑中产生的支撑反作用力与惯性不断前进,保持身体平稳,提高奔跑速度。

(2)距离感。在定向越野奔跑中保持距离感是必要的,它不仅可以提高运动员寻找检查点的速度,而且也有助于合理分配体力。为了准确地计算距离,运动员一定要在野外测准自己在上坡、下坡、平坦地段的步长与速度,以便定位。

(3)速度。在定向越野比赛中,速度不宜过快。过快不仅会影响体力的正常发挥,并且会严重影响运动员的判断力,甚至使个别运动员头脑变成一片空白,丧失判断能力。但是,对于一个训练有素、经验丰富的运动员来说,在地形有利时也要加速快跑。

(4)呼吸。在定向越野比赛时,第一体感是呼吸困难。一般是跑二三步一呼气,再跑二三步一吸气。随着疲劳的出现,呼吸的频率也应加快,可采用一步一呼与一步一吸的呼吸方法。呼吸应自然和有一定深度,一般为肺活量的三分之一。因为呼气的深度决定吸气的深度。

冬天奔跑时,由于天气寒冷或大风,为了避免冷空气和强气流直接刺激咽喉,应该用鼻子吸气,用嘴呼气,或将舌尖上翘,微微舔住上颚。

(5)节奏感。实验证明,人感受的最适宜节奏为 70～90 步/min,速度过快不易感受,过慢则会起抑制作用。在定向越野比赛中,有节奏的动作不但可以减少体能消耗,而且还能使动作协调。协调而有节奏的动作,会使运动员跑得轻松自然。

(6)体力分配。按选择的路线情况或起点、途中、终点的路段不同以及运动员的身体素质,通过肌肉的紧张与放松适时交替的方法,达到快速、省力的目的。

第二节　定向越野运动的奔跑技能

定向越野的比赛或训练需要在野外长距离奔跑,在奔跑技术上与中长跑技术有相同的地方,但由于外界环境的变化,并且这种变化与规范化的中长跑条件相差较大,因此又有定向运动奔跑技术的独到之处。

一、如何跑平坦地段

在坡度不大的道路上或平坦易行的地面上奔跑时,基本可采用与中长跑相同的技术进行。如跑平坦草地时,用全脚掌着地,同时要时时注意到前下方,以免两脚陷入泥洼或踢碰到石头;在沙地或沼泽地奔跑时,步子要小,频率要快。遇到小的沟渠、壕沟、低小障碍物时,预先增加跑速,大步跨越而过,落地时上体稍前倾,以便保护腰部不受损伤和继续奔跑,并且也可以防止后倒。

二、如何跑山坡地段

高效率地跑好山坡地段,在定向越野运动比赛中是非常重要的。据美国人戴维德·费克斯研究,跑好山坡的基本要点是:尽量加速地跑越山坡。这是一种积极主动的跑法。

(一)上坡跑的要点:与短跑技术密切联系

(1)要像短跑运动员那样摆臂上坡跑,双臂不要像长跑运动员那样斜线平稳地摆动,而要直线前后摆动。使肘关节保持弯曲 90°,手向前摆到齐双眼平,向后摆到臀后。这样有助于运动员速度加快。

(2)身体要从髋关节处倾斜,这样可以使运动员的重心(臀部)保持在用力点(脚)的前面,能有效地推动运动员上坡。

(3)缩短步长,高抬腿。要用短而快的步幅,高抬膝和加强摆臂动作加速上坡。山坡越陡,步幅就要越短,膝越要抬高些。

(4)跑上坡路时,应该用前脚掌着地。用这样的做法可以增加步频。

(5)脚踏离地面前要充分伸直腿。运动员靠脚推动上山,所以脚要尽可能用力踏地。为了脚能有力踏地,抬脚前,腿必须伸直。

(二)下坡跑的要点:放松和利用惯性

(1)让惯性带动下坡。运动员要保持正常的速度并放松。当惯性带动运动员下坡时,精神上会得到短暂的休息,但速度不应减慢。

(2)加大步幅。要保持惯性和放松,靠运动员加大步幅那样冲下山坡。这种步幅的加大,是下坡跑速度的来源。

(3)身体保持与山坡垂直。错误的倾向是身体向后倾斜,这将迫使运动员的脚在身体重心前着地,而形成了制动,使下坡时的速度减慢。但也不提倡身体向前倾斜,因为这样会使运动员下坡时的加速度太快而跌倒。因此,保持身体与山坡垂直的状态,才能使运动员以其惯性保持速度。

(4)用摆臂保持平衡。因为惯性要求运动员控制腿的速度,所以必须用摆臂来保持平衡。让惯性推动运动员下坡,直到恢复比赛速度。

在野外,用同样的步速节奏奔跑,但由于地形的变化,步长(距离)的区别却较大。如果您没有测量过自己的步长,可参考表 5-1 按常规慢跑测出的数据。

表 5-1　常规慢跑数据

类别	步数(复步)/(步/100 m)
平坦道路	50
草地	56
疏林	66
密林	83

续表

类别	步数(复步)/(步/100 m)
上坡(视坡度)	100 以上
下坡(视坡度)	35 以下

第三节　定向越野运动员的心理训练

一、心理训练的含义

在广义的视角下,心理训练指的是系统且有意地干预运动员的心理历程及其独特的心理特质,旨在为他们的日常训练与竞技赛事构建坚实的心理基石。而从狭义层面出发,心理训练聚焦于教授运动员多样化的心理调适策略,这些策略构成了广义心理训练中不可或缺的关键环节。无论广义还是狭义,心理训练本质上都是一种针对运动员心理层面的教育性干预手段,旨在通过特定的训练方法,对其心理状态产生积极影响。

运动员心理训练的兴起,是体育竞技发展的必然产物,它迎合了日益激烈的比赛需求。传统观念中,运动员的能力提升主要依赖于体能与技术的发展,然而,随着体育竞赛的深入发展,心理训练逐渐崭露头角,成为提升运动员综合竞争力的重要一环。如今,这一领域已受到国内外专家学者的广泛关注与高度重视。

二、心理训练的目的、任务及地位与作用

(一)心理训练的目的

心理训练的核心目标在于培育运动员具备卓越的心理素质。这一过程旨在全面提升运动员的感官敏锐度、知觉准确性、注意力集中度、记忆效率、想象力丰富度以及思维逻辑性,同时还强调增强他们为达成目标而必需的诸多关键品质。此外,心理训练还着重培养运动员自如掌控个人情感与行为的能力,确保他们在高压环境下依然能够保持冷静、果断且高效的状态。简单地说,就是为了培养运动员的良好的心理素质,使运动员的感觉、知觉、注意、记忆、想象、思维和为完成任务所必需的其他重要品质以及随意控制情感行为的能力都达到较高水平。

(二)心理训练的任务

(1)增强运动员的专业心智能力。心理训练的首要任务是提升运动员在知

觉、注意、记忆、想象及思维等心智层面的专门化能力,确保他们在复杂多变的运动环境中能够迅速、准确地做出判断与决策。

(2)塑造运动员的个性心理特征。通过心理训练,构建并强化运动员的个性心理,使其在训练和比赛中能够充分发挥甚至超越自身能力,实现最佳竞技状态。

(3)培育运动员的坚韧心态。在极度紧张与困难的挑战面前,心理训练着重培养运动员的自我调控能力,使他们能够保持冷静、稳定的心理状态,从而维持高水平的竞技斗志与旺盛的竞争力。

(4)强化运动员的集体主义精神与积极心理氛围。心理训练还注重培养运动员的团队协作精神,通过营造和谐、积极的"心理环境",增强队伍内部的凝聚力与向心力,为运动员提供源源不断的正面心理支持与动力。

(三)心理训练的地位与作用

心理训练是对高水平运动员进行训练的重要内容,它的作用在于发挥运动员的潜力,训练运动员控制自己的心理活动,进入最佳竞技状态,在比赛中取得优异成绩。

国内外的体育专家认为,心理训练在整个训练中占30％。心理训练对运动员的心理发展具有两方面的作用:

(1)有助于运动员个性心理特征的形成和发展。运动员通过心理训练能稳定、可靠地参加训练与比赛。

(2)在运动员迅速、完善地掌握运动技能、技巧、技术以及在比赛和训练非常紧张的条件下进行心理训练,使运动员具有准确的时间感、节奏感、速度感、距离以及空间的定向能力;在记忆方面,使运动员对各种难度的运动路线和动作具有清晰性的特点;在思维方面,使运动员具有高度发展的敏捷性和灵活性,适应比赛或训练中的各种反应,取得理想成绩。

第四节　定向越野运动员的意志品质培养

一、运动员的意志品质

在定向越野竞赛的激烈角逐中,运动员之间的技术水平日益接近,竞争愈发白热化。此时,胜负的天平不仅倾斜于那些拥有卓越技术、战术及身体素质的选手,更深刻地依赖于他们展现出的非凡意志品质。优秀的意志品质作为运动员精神面貌的集中体现,在比赛中具有举足轻重的意义。

定向越野运动员所展现的良好意志品质涵盖多个维度,包括自觉性、果断性、勇敢性、主动性、自制性及顽强性等关键要素。具体有以下几点。

(1)自觉性表现为运动员在训练与比赛中拥有明确的目标导向,能够基于深思熟虑而非盲目冲动做出决策,展现出对自我行动的清晰认知与责任担当。

(2)果断性则是运动员在关键时刻迅速决断、勇于担当的体现。面对挑战与困境,他们能够迅速评估形势,果断采取行动,即便面临风险亦不退缩,展现出一种无畏的果敢精神。与之相对应,优柔寡断与草率从事则被视为果断性的反面教材,前者犹豫不决,错失良机;后者轻率行事,不计后果。

(3)勇敢性作为另一项重要品质,在定向运动中尤为关键。运动员在面对未知风险与障碍时,需具备毫不迟疑、勇往直前的勇气。这种勇气源于对自我能力的坚定信念与对成功的深切渴望,是克服心理障碍、实现突破的重要动力。

(4)主动性则体现在运动员以高度负责的态度积极参与训练与比赛,面对困难时能够主动寻求解决方案,展现出一种积极向上的精神风貌。具有主动性的运动员往往能够独立自主地完成任务,不断追求更高的成就。

(5)自制性则是运动员在情绪与行为控制方面的重要表现。他们能够在比赛中保持冷静、理智,有效抑制消极情绪与冲动行为,确保自己始终处于最佳竞技状态。这种自我约束能力不仅有助于提升个人表现,更能在团队中树立良好的榜样作用。

(6)顽强性则是定向越野运动员在追求卓越过程中不可或缺的精神支柱。它表现为运动员在遭遇挫折与困难时能够不屈不挠、坚持不懈地努力奋斗,直至达成既定目标。这种顽强拼搏的精神不仅是对个人能力的极致挑战,更是对意志品质的深刻锤炼。

综上所述,优秀的意志品质在定向越野运动中具有极其重要的意义。它不仅是运动员取得优异成绩的关键因素之一,更是他们个人成长与发展的重要基石。因此,在定向越野运动训练与比赛中,应注重培养运动员的意志品质,为他们的全面发展奠定坚实基础。

二、运动员意志品质的培养

实践证明,为了让运动员取得优异成绩,不但需要对运动员进行系统的身体训练、技术训练与战术训练,而且还要对运动员进行良好的意志品质培养。只有这样,才能使运动员在紧张激烈的比赛中赛出风格、赛出水平。

不论是平时,还是比赛,对运动员的思想教育应当常抓不懈。让运动员牢固地树立起爱国主义思想与集体主义思想。祖国的荣誉高于一切,人民的重托始终把自己鞭策。这些是培养良好意志品质的必要条件。

在具体训练比赛中有计划、有目的地培养运动员的品质。如在疲劳状态下完成新任务,或延长训练时间等,有助于培养顽强性。对于其他意志品质,也应积极主动地创造条件,进行培养。

对于定向运动员来说,主要意志品质是主动性与独立性,次要意志品质是顽强性与果断性,更次要的意志品质是自主性与勇敢性。

第五节 定向越野运动员比赛前的心理状态

一、运动员比赛前的心理状态特点

比赛前心理状态作为运动员对即将来临的比赛的心理反应,引发了一系列生理层面的条件反射性变化。这些变化涵盖了中枢神经系统兴奋性的调整、物质代谢过程的加速,以及诸如脉搏、呼吸频率、血压、体温、汗腺活动和血糖水平等生理指标的显著波动。这些生理过程的变化深刻影响着运动员在比赛中的表现。

基于大量实践经验,比赛前心理状态的典型表现可归纳为以下四种。

(1)过度紧张状态。在此状态下,运动员展现出高度的紧张情绪,伴随着呼吸急促、心跳加速、四肢颤抖及情绪不稳定。这种状态下,运动员往往难以自我控制,动作显得慌乱无序,对指令的响应迟缓,记忆力明显下降。过度紧张多源于运动员的比赛经验不足、平时训练不扎实或意志品质薄弱。

(2)淡漠状态。与过度紧张截然相反,淡漠状态的运动员表现出情绪低落、精神萎靡、缺乏斗志和信心,体力明显下降,对周围环境变化的敏感度降低,犹豫不决,甚至产生逃避比赛的念头。此状态常因运动员对比赛不利因素过度担忧而无力应对,同时缺乏足够的胜利信念和顽强拼搏的精神所致。

(3)战斗准备状态。这是最为理想的赛前心理状态,运动员充满自信,对比赛充满热情,渴望全力以赴并争取胜利。他们注意力高度集中,情绪饱满,精力充沛。这种状态的形成是长期系统训练的结果,基于对比赛责任的深刻理解和高度的比赛使命感。

(4)盲目自信状态。此状态下,运动员对比赛难度和自身实力评估不足,过于乐观自信,未能充分认识到比赛的复杂性和挑战性。盲目自信可能导致运动员在比赛中轻敌冒进,影响正常水平的发挥。因此,教练员需在赛前深入了解运动员的心理状态,针对盲目自信的原因进行有针对性的思想教育和引导,确保运动员以更加理性和务实的态度迎接比赛。

二、运动员比赛前的心理准备训练

在比赛前,运动员为了取得好成绩,不但要进行身体、技术、战术准备,而且还要进行各种心理准备。

心理准备训练的任务,在于形成运动员的最佳竞赛心理状态,以便取得比赛的成功。运动员的赛前心理准备包括以下几方面。

(1)明确比赛任务。运动员和教练员必须明确比赛任务,这样才便于确定运动员的奋斗目标。为了明确比赛任务,就要深入了解比赛的有利因素与不利因素,使运动员做到心中有数。

(2)端正比赛动机。运动员的良好比赛动机是赛前心理准备训练的重要内容。运动员最初的比赛动机大多数是直接动机。这时教练员的任务是教育运动员如何把直接动机转变成为集体争光、为祖国争光的社会动机上来。崇高的社会动机,对于运动员形成良好的比赛心态具有重要意义。

(3)形成最佳比赛情绪。比赛双方为了获胜经常处于成功与失败的激烈争夺中,运动员的比赛情绪也随着比赛的起伏而发生激烈变化。这些变化将对运动员的行动产生积极或消极的影响。如果赛前运动员心绪不安,则可能造成比赛失败。所以,尽量要求运动员在赛前保持特有的情绪振奋感。

一个运动员具有高度的政治觉悟、责任感与荣誉感,这是他战胜困难,争取比赛胜利的基本保证。否则,常为恐惧、胆怯、灰心、不安等情绪所支配,在比赛中不能充分发挥自己的运动能力。

(4)树立必胜信心。这是发挥运动员能力的重要条件之一,丧失信心也就丧失了成功的机会,导致运动员心理过程混乱、影响技术实力发挥,甚至导致失败。

采用心理训练的方法,帮助运动员树立信心。如经常对运动员进行公开训练、测验或模拟比赛,可以增加运动员的比赛信心。再者,对运动员提出的比赛任务不应超过其能力,这对鼓舞斗志也具有一定作用。

(5)培养战斗意志。具有坚强战斗意志的运动员,能在激烈的比赛中扭转危局,变被动为主动,变劣势为优势,达到出奇制胜的目的。

运动员的战斗意志主要来源于高度的集体荣誉感,从集体、国家和人民的利益出发,不计较个人得失,始终情绪饱满、精力充沛地去参加比赛。

第六节　定向越野运动员比赛后的心理状态

一、运动员比赛后的情绪特点

比赛结束后,无论是胜者还是败者,在情绪上均有一定的反应。例如,一个具有爱国主义与集体主义精神的运动员,对胜利所产生的情绪是欢欣鼓舞,再接再厉继续前进;当其失败时,也会从失败中取得教训,从而更加发奋图强,刻苦锻炼。相反,具有个人主义的人,胜利时则骄傲自满、盲目自信,失败时则垂头丧气,互相埋怨。这种不良的情绪反应不但会影响大家的团结,而且对今后的训练和比赛也会产生消极作用。

总之,不管是平时训练,还是进行正式比赛,都应加强对运动员的思想教育,培养"胜不骄,败不馁"的精神。

二、胜利与失败的主要心理条件分析

影响比赛胜败的原因尽管有许多,但是,实践证明,运动员的心理条件是其中很重要的因素。运动员的意志对比赛的胜败起着重要作用。运动员在比赛中具有坚强的意志,他就能在比分落后时也不气馁,即使失败也不泄气,能在激烈紧张的比赛中机智勇敢,战胜重重困难去争取胜利。因此,可以说定向越野运动比赛不但是比技术、比体力,而且更是比意志、比毅力的竞赛。

运动员的适应性在比赛中也起着重要作用。适应性是指运动员为了满足比赛的需要,恰到好处地调整自己的身心,与变化多端的自然环境、社会环境相适应,以保证比赛顺利进行。例如,在植被覆盖比较差的场地训练出来的定向越野运动员,去参加在植被非常繁茂的场地上举行的比赛就感到很不适应。

运动员思维的正确发挥对比赛的成败也有着密切关系。在比赛中,思维活动的内容非常广泛。比赛时为了胜利,运动员和教练员必须准确地预测和随机应变,并能够顺利地解决比赛中所遇到的各种困难。这些都要求运动员有较高的临场处理突发事件的能力和经验。

运动员的个性特征也是影响比赛成败的重要心理因素。运动员的个性与其所担任的角色相适应,才能充分发挥运动员的能力,取得卓越的比赛成果。

思考与练习五

(1)运动员在进行定向越野运动时,奔跑过程中的特点和基本要求有哪些?

(2)简述在进行定向越野运动时,为何需要进行心理训练。

(3)简述定向越野运动员在进行比赛时如何调整心理状态。

第六章　定向越野户外常识

　　定向越野是一项集智力、体力、技能于一体的户外运动,它要求参与者具备一定的户外生存常识和基本技能。学会阅读地形图是定向越野的基础,了解地图上的符号、颜色和比例尺。良好的体能是完成定向越野的关键,在出发前告知他人你的路线和预计返回时间。携带必要的安全装备,如哨子、急救包和充足的水等。根据天气和地形选择合适的服装和鞋子,以保护身体并提高舒适度。熟悉你将要探索的区域,包括地形、植被和可能的野生动物,尊重自然环境,不要损坏植被或野生动物的栖息地。遵守公园或保护区的规定。

第一节　野外定向技能

　　野外定向技能,作为定向越野运动的核心要素,体现了这一综合性体育运动对于参与者在多变环境中的适应与应对能力要求。随着定向运动的不断发展和规则的变化,其技能要求也随之灵活调整,以适应不同比赛项目和场景的需求。

　　具体而言,一名优秀的定向越野选手需掌握四大核心技能:①必须具备在野外环境中迅速、准确地辨别方向的能力,并熟练掌握指北针的使用技巧,这是确保运动员在未知地域中保持正确行进方向的基础;②选手应能熟练运用定向地图,通过地图与实地环境的比对,精准定位自身位置并规划行进路线;③选手需展现出既果断又细心的特质,能够在复杂多变的地形中迅速而准确地选择出最佳的越野路线,以最短的时间到达目的地;④良好的长距离越野跑能力也是不可或缺的,它要求运动员具备持久的耐力、稳定的节奏以及应对疲劳和困难的坚韧意志。尽管定向越野的技能要求多样且复杂,但运动员的辨别方向和使用定向地图的能力始终是其技能体系中的基石。这两项能力直接关系到运动员在比赛中的决策效率和行进准确性,是确保比赛顺利进行并取得优异成绩的关键所在。因此,在定向越野的训练和比赛中,应始终将这两项能力的提升作为重中之重。

一、判定方位

在自然界,某些动物是具有辨别方向的本能的。而人们要在野外确定方向,主要还是依靠经验和工具。

1.利用指北针定位

图 6-1 中,当指北针的磁针静止后,其 N 端(通常都有红色标志)所指的方向即为北方。利用指北针辨别方向是十分简便快捷的,也是定向越野常用的基本方法。

利用指北针判定方位需要注意的事项有:

(1)了解和检查指北针的灵敏程度,尽量保持指北针水平,并让磁针停稳;

(2)不要距离铁、磁性物质太近,不要在高压线下使用;

(3)要细心,不要错将磁针的 S 端当作北方,造成 180°的方向误判。

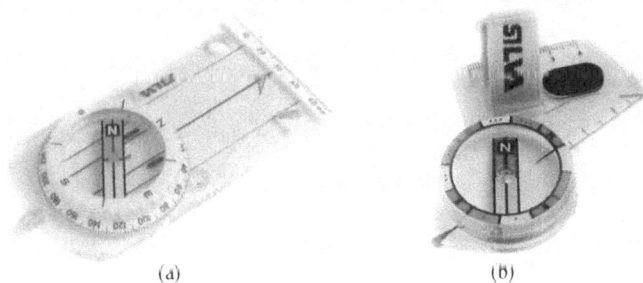

图 6-1　定向指北针

2.利用太阳与时表定位

利用太阳与时表定位,是在晴朗的天气里在野外常用的一种能较快地辨别出概略方向的方法。其判定要领是:"时数折半对太阳,12 指的是北方。"为提高判定的准确性,通常适用在 9:00 至 16:00 之间,时间是按 24 h 制。并要注意我国不同的地区和不同的季节,用时表与太阳来判定方位的所指的方向是略有不同的。运动员到一个新的环境中不能完全凭时表与太阳来判定。利用太阳与时表判定方位如图 6-2 所示。

3.利用北极星定位

北极星位于正北天空。在夜间观察时,其距离地平面的高度约相当于当地的纬度。寻找时,通常要根据北斗七星(即大熊星座)或 W 星(即仙后星座)确定。北斗七星是七颗比较亮的星,形状像一把勺子,将勺头两星连一直线向勺口方向延长,约为勺头两星间隔的 5 倍处,有一颗略暗的星,即北极星,如图 6-3

所示。

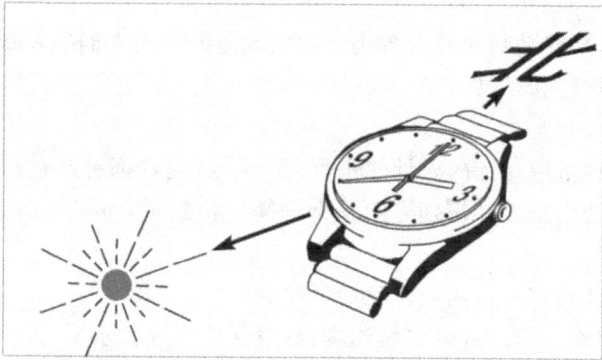

图 6-2　利用太阳与时表判定方位

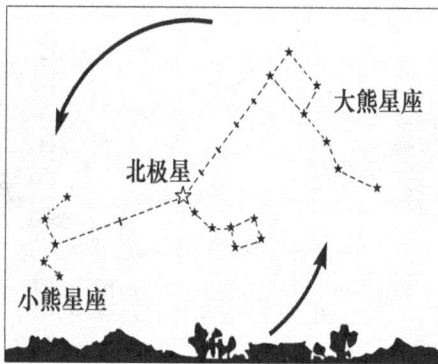

图 6-3　夜间利用北极星判定方位

4.利用地物特征定位

在野外定向或探险活动中,准确地判断方向是至关重要的。虽然现代科技如 GPS 等已经极大地便利了这一过程,但了解并利用自然环境和地物特征来判定方向仍然是一项基本且实用的技能。常见的地物特征有:

(1)房屋。房屋门朝南的设计,主要是基于采光和保暖的考虑。在我国北方,由于冬季北风凛冽,门朝南可以最大限度地减少冷风直接吹入室内,同时又能让阳光充分照射进来,提高室内温度。因此,通过观察房屋的大门朝向,可以大致判断南北方向。中国古建筑的朝向特征如图 6-4 所示。

(2)庙宇。庙宇作为古代建筑,主要殿堂通常坐北朝南,以象征对天地的尊崇。这一规律在多数庙宇中都能得到体现,因此也是判断方向的一个可靠依据。

（3）树木。树木的生长习性会受到阳光照射的影响。在北半球,朝南的一侧由于阳光充足,通常枝叶茂盛、色泽鲜艳、树皮光滑;而朝北的一侧则相对阴冷潮湿,枝叶稀疏、色泽暗淡,树皮也可能更加粗糙,甚至生长青苔。通过观察树木的这些特征,可以辅助判断方向。

图 6-4　中国古建筑的朝向特征

（4）凸出地物和凹入地物。这些地物的北侧由于接收到的阳光较少,环境相对阴冷潮湿,所以基部或边缘可能更容易生长苔类植物或显得更为潮湿。这一特征在湿润地区尤为明显,但在干燥或沙漠地区则可能不适用。

然而,利用地物特征判定方向时需要注意其准确性和易辨认性。首先,并非所有地物都严格遵循上述规律,尤其是受到人为因素、自然环境变化等影响的情况下。其次,有些地物可能因地形、植被覆盖等原因而不易辨认其方向特征。

因此,对于定向越野新手来说,虽然掌握这些地物特征有助于提升方向判断能力,但更应依赖专业的定向工具(如指南针、GPS 等)和地图进行精确导航。同时,通过不断实践和学习,逐渐提高自己对自然环境和地物特征的理解与识别能力,也是成为一名优秀定向运动员的重要途径。

二、现地使用定向地图

现地使用定向地图或现地读图,是定向越野最基本的要求。现地读图通常在运动员掌握一定的定向越野地图基础知识上进行。

1.读图的一般规则

（1）完整理解地图。定向地图是通过制图工作者采用取舍、概括、夸大、移位等制图综合方法完成的。图上符号的数量、形状、大小、精确位置等与实地相应地物不是完全一致的。如多种地物在一起时,图上只表示了对运动有价值的地物,其他通常不表示或仅象征性地表示;山背上、河岸边的细小凸凹的地貌,图上不可能全部表示,仅表示出了它们的概略形状;对于公路、铁路等线状地物,其符号的宽度是夸大了的,而地物两旁其他符号就会出现移位现象,造成地物的位置不可能十分精确。

(2)有选择地了解内容。在解读定向地图时,鉴于其信息的丰富性,应避免无针对性地全面浏览,而应采取策略性聚焦。首先,应进行全局概览,快速掌握比赛所涉及的地域范围及大致地形特征。其次,根据比赛需求和自身策略,明确需要深入研读的关键区域和内容,如起终点位置、检查点分布、地形变化、道路与路径标识等,这些都是决定定向与越野跑策略的关键信息。通过这样有针对性的信息筛选与提取,参赛者能够更有效地获取在越野跑过程中可能需要的导航与决策依据,从而提升比赛效率与成绩。定向图上的信息如图6-5所示。

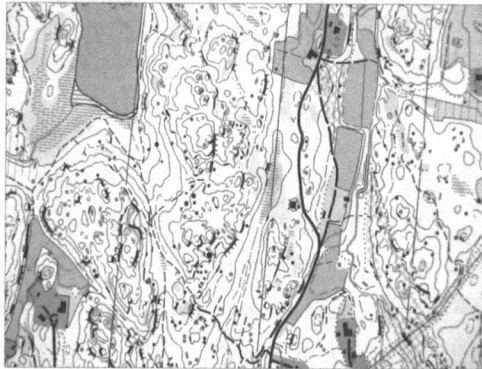

图6-5 定向图上的信息

(3)综合阅读地图。在解读定向地图时,不应孤立地审视地物或地貌的单一符号,而应将其视为整体地貌与地形要素网络中的一部分,进行综合性的阅读分析。这要求我们不仅要深入理解每个符号所代表的地理特征性质,更要准确把握这些特征之间的空间位置关系,包括方向、距离、高差等要素。通过这样的联系与分析,我们可以更全面地理解地形地貌对竞赛的综合影响,比如哪些区域可能构成快速通行的捷径,哪些区域可能因地形复杂而增加行进难度,以及如何利用地形特征进行有效的定向与导航。这样的综合分析能力对于提高定向越野比赛的决策效率和竞技水平至关重要。

(4)考虑现地可能发生的变化。虽然定向地图要求具有一定的现势性,但人工或自然的原因造成地形变化是不可避免的。平时定向越野训练用图也是如此。因此,读图时必须根据图廓外说明注记中注明的测图时间,考虑图上表现内容落后于现地变化的可能性。

2.地图与现地对照地图

(1)标定地图。标定地图是现地对照地图的首要步骤。标定地图就是将地图的方向与现地和方位一致起来。

1)概略标定地图。地图的概略方向是上北下南,精确方向一般为指北标志。运动员在运动过程中,只要将地图上边对好实地北方,或用指北标志对准北方,即为概略标定地图。还可以通过磁北线方向和定向检查点序号字头的朝向来对准现地北的方位。

2)指北针标定地图。利用指北针标定地图是常用的标定方法。将地图磁北方向线与指北针方向一致,持平,让其一起转动,当转到磁针的方向与指北针方向一致时,该地图就标定好了。即现在地图的方向就与现地一致起来了。

3)利用长直地物标定地图。长直地物标定地图是运动员常用的简便方法,当运动员行进到如长直道路、沟渠、围栏等直线较长地物时,只要将图上长直地物符号与现地相对应地物平等放置(注意不能反向180°),即已将地图标定好。

(2)确定站立点。确定站立点是现地用图的关键,许多初学者运动员就是因为无法确定站立点位置,而导致迷失在野外。确定站立点的主要方法有目估法和后方交会法。

1)目估法。利用明显地形点目估确定站立点,是最常用的方法。具体要领为:如果是站在明显地形点上,找出地图上相对应的符号偶是;如果明显地形点就在附近,则先标定地图,再根据周围地形的明显点与站立点相互位置关系确定自己的站立位置。目估法确定站立点如图6-6所示。

图6-6　目估法确定站立点

2)后方交会法。这种方法在周围没有明显点且视线较开阔时使用。其具体要领是:首先标定地图,其次选择离站立点较远的图上和现地都有的两个以上明显点,再现地交会。交会点就是运动员所在的位置。利用后方交会法确定站立点如图6-7所示。

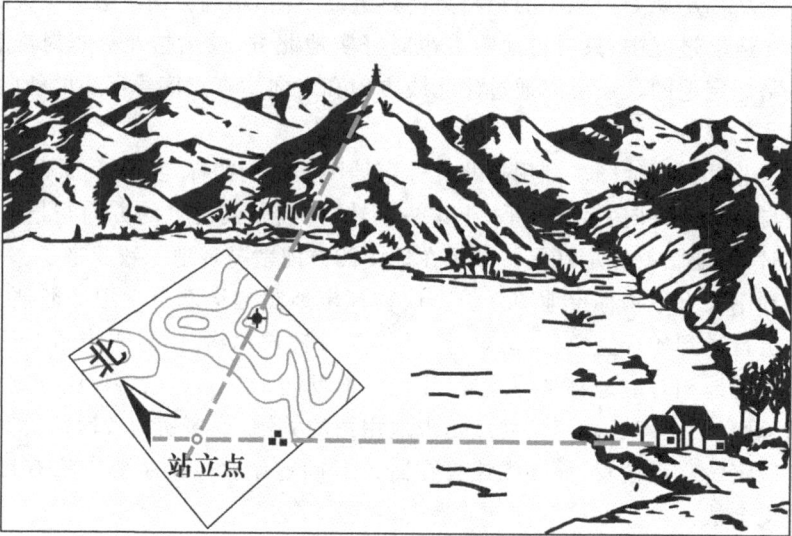

图6-7　利用后方交会法确定站立点

3)使用目估法和后方交会法确定站立点时应注意事项:仔细分析站立点周围地形,选择地形点时要找准,防止错判、错用目标;标定地图过程中,地图方位不能变更,并注意检查;采用交会法时,一般交角不小于30°或大于150°,条件允许时,用第三条方向线进行检查。

(3)地图与现地对照。对照地形通常在标定地图和确定站立点的基础上进行,而确定站立点又必须先对照地形,所以,地图与现地对照和确定站立点两者交叉进行。

地图与现地对照的要求是,使地图的地物符号、地貌符号与现地的地物地貌一一对应,包括:现地有,图上有,对照找到;现地有,图上无,能确定图上位置;现地无,图上有,能确定现地原来的位置。对照的一般顺序:先主要方向,后次要方向;先大和明显地形,后一般地形;由近到远,从左到右(也可以反之);由图上到现地再到图上;由大带小、由点到面,逐步分段分片进行对照。地图与现地对照如图6-8所示。

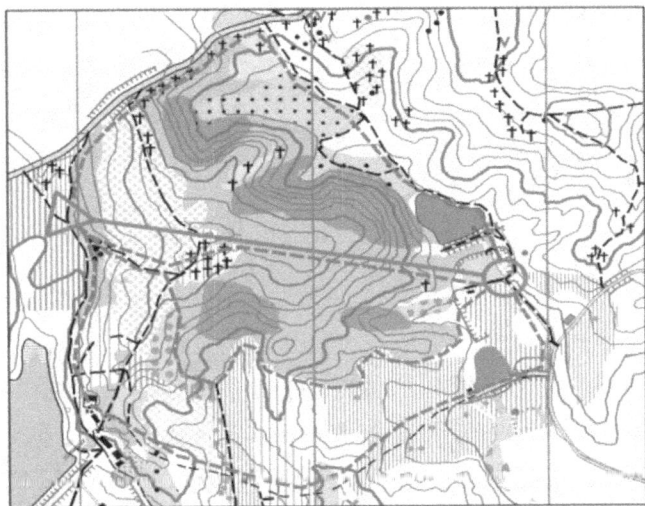

图 6-8　地图与现地对照

三、选择定向路线

选择定向路线是定向越野的基本技能之一。运动员如果选择了一条好的越野路线，不但很快就能找到检查点，而且不会迷失方向，能节省体力消耗。定向越野图上，通常有不少路段可以作为站立点与检查点之间有若干可选择的路线，而走直线并不一定是最佳选择路线。

（一）选择定向越野路线的一般原则

选择定向越野路线的原则实际上对于不同的人是不一样的，不同的地形和不同的地图（地图的精度和显示性不同）也存在差异。什么是最佳行进线？简单地说，它应该符合省体力、省时间、最安全，便于发挥自己的技能或体能优势的原则。定向越野地图路线如图 6-9 所示。

初学者可以参考下列原则。

（1）有路不越野。在我国大部分地区适用，尤其是南方的地区，由于密灌丛生，越野与在路上跑相比，在路上更好一些。在道路上容易确定站立点，使运动员更具信心；道路地面相对光滑、平坦，有利于提高奔跑速度。有路不越野原则如图 6-10 所示。

（2）走高不走低。其是一条重要的策略。这一原则的核心思想在于，当面临必须穿越复杂地形的情境时，应优先选择高处路径，如山脊或山背，而非低洼地带如山谷或凹地。这一选择的背后有多重考量。

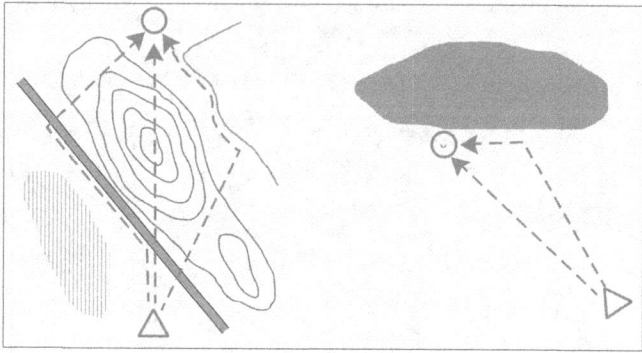

图 6-9　定向越野地图路线

图 6-10　有路不越野

1)从导航与定位的角度来看,高地提供了更广阔的视野和更清晰的观察条件,使得行进者能够更容易地确定自己的位置和方向,减少迷路的风险。同时,高处地形相对平坦开阔,减少了因地形起伏不定而导致的行进难度和不确定性。

2)从环境因素出发,高地往往拥有更好的通风性和干燥度,这有助于减少行进者在潮湿、闷热环境中可能遭遇的不适。此外,高地相对低洼地带而言,荆棘、杂草、虫害等自然障碍物的分布往往更为稀疏,从而降低了行进过程中的安全风险。走高不走低原则如图 6-11 所示 。

3)人类活动的习惯也支持了"走高不走低"的原则。长期以来,人们更倾向于在高处行走,这不仅因为高处的通行条件更为优越,还因为这样的路径往往已经被放牧、砍柴等活动的人群所开辟,形成了相对清晰、易于辨认的小路。利用这些现成的路径,行进者可以显著提高运动速度,节省体力。

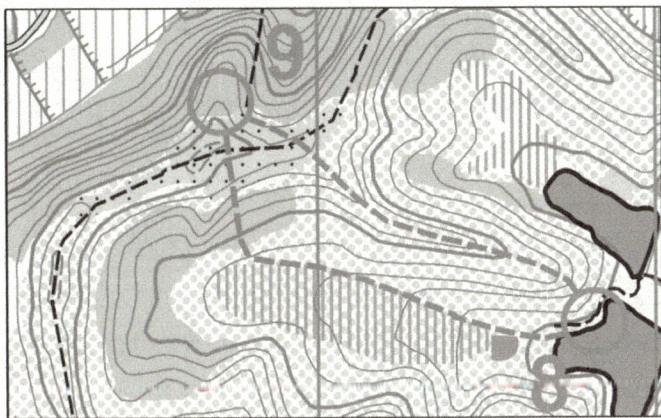

图 6 - 11　走高不走低

综上所述,"走高不走低"的原则在越野行进中具有重要的指导意义,它基于导航便利性、环境舒适度以及人类活动习惯等多重考量,为行进者提供了一条更为安全、高效、舒适的行进路线。

(二)选择安全越野路线寻找目标点

依靠上述一般原则决定路线的选择是很不够的。即使水平很高的运动员,在同一地形上选择越野路线也可能是不一样的。分析与解决选择路线基本问题的方法有多种,下面几种方法是较安全的方法,对初学者有一定的指导作用。

(1)借点法(见图 6 - 12):当检查点旁边有高大或明显的地物点时,可以采用借点法找点。先找到高大明显地物点,再根据明显点与检查点的相对位置找到目标点。注意所依据的明显点有多个时,一定要认清认准,而后快速前进。

(2)借线法(见图 6 - 13):当检查点位于线状地物或在线状地物附近时,可以采用借线法。借线法要注意的是检查点与所利用线状地物的相对位置关系,当检查点不在线状地物旁时一定要注意何时离开线状地物,不要跑过头。

(3)偏向瞄准法(见图 6 - 14):偏向瞄准法是按方位行进的特殊形式。当检查点位置处在线状地物附近而且该地物的走向与站立点到检查点走向几乎为垂直时,如果按方位角行进,由于地形影响有可能出现偏向(这种偏向是不确定的或是偏左、或是偏右),而偏向瞄准法是有意偏向一侧行进,遇到线状地物时再向另一侧运动,则很快找到检查点。

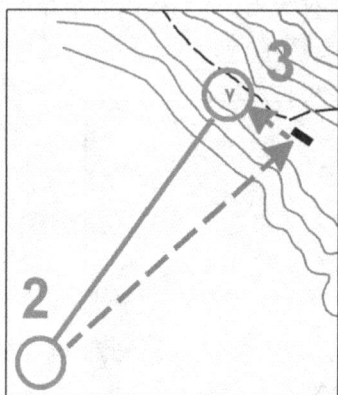

图 6-12　借点法

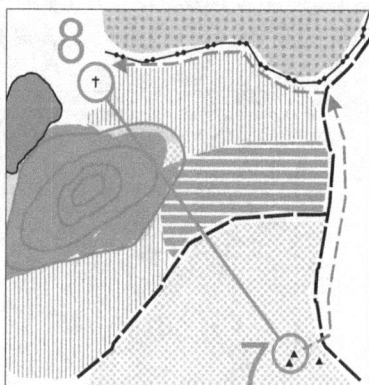

图 6-13　借线法

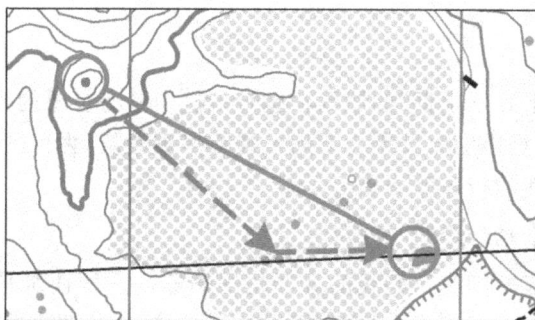

图 6-14　偏向瞄准法

(4)导线法(见图 6-15):其又称为分段运动法。是将站立点与目标点之间的地形进行分析,找出可利用参照的地物或地貌,而后根据可参照地形点将路线分为若干段,分别引导,直至找到检查点。

(5)水平位移法(见图 6-16):水平位移法通常适用在地形起伏较大、地貌判定较容易且可以穿越的地形。当站立点与目标点从地图上判定处在同一高度时,利用地图等高线在现地沿同一高度上行进,则很快就会找到目标点。

运用上述选择路线方法越野,要注意两点:①地图上的选定参照点一定要与现地参照点是同一地物或地貌,由于地图是经过取舍而成的,现地的地物或地貌一般要比图上多,不要错判;②由于行进的方向是受到地形条件影响的,当选定某一方向前进时,要注意穿越或绕行给原定方向带来的变化。

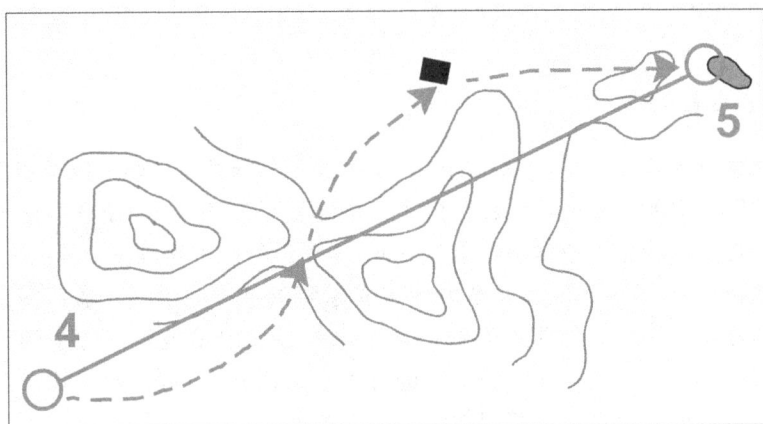

图 6-15　导线法

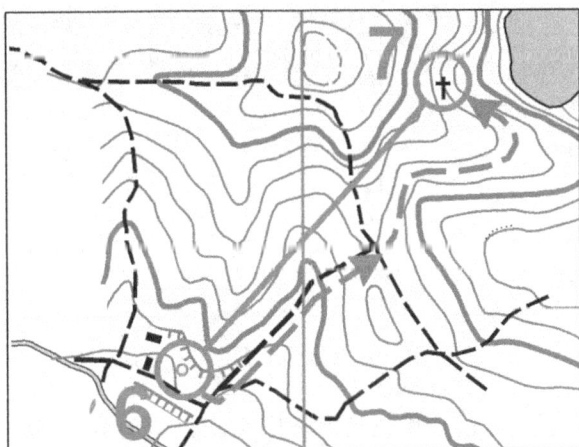

图 6-16　水平位移法行进

(三)路线选错了怎么办

发现自己在野外走错了或者是判定按正常速度应该找到检查点而没有找到,这是初学者经常遇到的。出现这种情况,运动员首先就是要保持镇静,千万不能慌乱;其次调整自己越野的步骤,寻找解决的办法。解决的方法有两种:①重新判定站立点位置。如果能确定站立点在地图上的位置,则重新选择越野路线寻找下个检查点。②按原路返回。在无法确定站立点位置时,只好按原路返回到刚才的检查点位置再选择路线行进。对于初学者往往会跑出路线范围之外,或跑出地图。如果是此类情况,只好请求别人帮助或进行野外自救,以确保安全回到终点。

四、定向越野跑

定向越野的竞技水平,从根本上讲,是由选手的野外定向能力以及识图用图技巧所共同决定的。这两项能力构成了定向越野的基石,它们使选手能够在复杂多变的自然环境中迅速准确地定位方向,规划最佳行进路线。

然而,仅有这些还不足以完全展现定向越野的魅力与挑战。掌握精湛的奔跑技术同样至关重要。优秀的奔跑技术不仅能最大限度地发挥选手的体能优势,提升整体速度,更能在关键时刻帮助选手规避潜在的风险,确保比赛的安全进行。走与跑哪个更合算比较图如图 6 - 17 所示。

每公里需要多少时间 min	公路	空旷地	疏林地	山地、树林
🚶	9	16	19	25
🏃	6	8	10	14

图 6 - 17　走与跑哪个更合算比较图

具体而言,奔跑技术的运用包括但不限于步伐的调节、呼吸的配合、体力的合理分配以及面对不同地形时的灵活应对等。这些技术的熟练掌握,能够让选手在定向越野的赛道上如虎添翼,更加从容地面对各种挑战,展现出更高的竞技水平和更强的综合素质。

因此,对于定向越野的选手而言,在不断提升野外定向和识图用图能力的同时,也应重视奔跑技术的训练与掌握,以期在比赛中发挥出最佳水平,取得优异成绩。

(1)野外行进速度比较。在野外不同的地形条件所用的时间是不一样的,而越野跑比较走更能取得定向越野的最佳成绩。定向越野比赛中的越野跑如图 6 - 18所示。

图 6-18　定向越野比赛中的越野跑

（2）定向越野跑的特点。定向越野的越野跑实际上是一种长距离的间歇式赛跑（在途中常常需要停下来或放慢速度看图、定向）。这种在野外清新的环境中的奔跑，可以使肌肉的紧张与放松，身体的负荷与精神的专注不断地交替进行。

（3）定向越野跑的基本要求。定向越野跑同其他长跑项目一样：一方面要求能够尽可能地减少人体能量的消耗，维持一定的跑速；另一方面又能根据越野路线和地形的情况，具有加速度的能力。

第二节　出发前的各项准备工作

出发前的准备工作主要有以下几个方面。

1.活动时间地点

详细查阅目标地点的相关资料，包括其地理位置、历史气候数据及特色风土人情，以确保行程安排合理且富有体验。

2.健康评估与体能训练

（1）体检与咨询：前往医疗机构进行全面的身体检查，了解自身健康状况及体能水平，特别是针对可能的高原反应、登山耐力及涉水能力进行评估。

（2）定制训练计划：依据体检结果，咨询专业人士制订针对性的体能训练计划，重点加强心肺功能、腿部力量及平衡性训练，以适应定向越野的各项挑战。

3.导航工具准备与安全警示

(1)必备装备:确保携带高质量的指北针和详细地图(特别是活动区域的导游图),并在出发前仔细研究地图,规划好行进路线,利用比例尺预估实际行走距离。

(2)安全警示:强调在无专业指北针、地图或向导的情况下,绝不擅自进入陌生环境进行野外活动,以保障个人安全。

4.物资补给

水与食物:根据季节、气温及个人饮水量准备充足的水源,食物应以易保存、不易变质且营养均衡为主,同时考虑携带水果和能量食品,如巧克力等,以快速补充体力。

5.专业着装

(1)上衣选择:穿着弹性好、透气佳的运动服或休闲装,上衣设计需便于活动,如夹克式拉链、多口袋设计,且袖口、领口能紧密闭合以防风沙。

(2)裤子与鞋子:根据季节选择长裤或短裤,均要求有口袋、弹性好且长裤裤脚能收紧。鞋子需牢固、轻便、防滑,鞋垫柔软有弹性,最好选用专用越野鞋,并考虑鞋口密封性。

(3)防晒与防护:夏季必备遮阳帽,穿越树林时帽子应有下垂布帘遮挡颈部。

6.医疗急救包

(1)防虫叮咬:携带红花油、清凉油、风油精等,并了解处理蛇伤的常识。

(2)防暑降温:准备藿香正气胶囊、人丹、十滴水等防中暑药品。

(3)肠胃保护:携带小檗碱片、洛哌丁胺、诺氟沙星胶囊等应对腹泻情况。

(4)止血与包扎:备齐创可贴、绷带、胶布等止血用品。

(5)抗过敏药:如息斯敏,以防不时之需。

(6)慢性病药物:根据个人健康状况携带必要的常备药物。

7.其他必要物品与注意事项

(1)住宿与照明:若计划野外过夜,需准备帐篷、电筒、睡袋等。

(2)防雨装备:携带雨衣而非雨伞,以应对突发的恶劣天气。

(3)生活工具:包括餐具、刀具(如瑞士军刀)、手表用于计时,以及手机作为紧急联络工具。

(4)记录工具:纸笔用于记录游玩心得或日记,相机则用于捕捉美好瞬间。

(5)野外活动注意事项:在野外活动过程中,不确定因素较多,突发情况时有发生。无论遇到什么样的困难,首先要沉着、冷静、不慌张。不能在匆忙的状态下决定,否则会铸成大错。

第三节　定向越野注意事项及常见户外伤的预防及急救

一、定向越野注意事项

1.定向越野行走的谨慎原则

在野外活动中,"有路则循路,无路慎越野"是基本的安全准则。道路明确,行走稳定,让人能"脚踏实地,减少意外"。面对杂草丛生或视线不佳的树林区域,应格外小心,避免盲目进入,以防迷失方向。在此类地带行进时,应采取小步幅、低姿态的方式,确保每一步都稳固后再继续前行,严禁跳跃奔跑,以防不慎滑倒或受伤。

2.安全攀爬的技巧与协作

对于设有台阶或路径的山体,攀登时应注重技术动作的合理性,以节省体力。上山时,抬高腿部,身体前倾以维持平衡,下山时,加快步伐,身体稍后仰以控制速度。若需进行无路径的山体攀爬,则安全至上,多人同行时应确保前后人员位置错开,避免形成直线排列,以防万一有人失足下滑时发生连锁反应。

3.涉水活动的安全须知

野外涉水活动虽乐趣无穷,但安全不可忽视。下水前,务必了解水域情况,携带救生设备。游泳时,应避开潜在危险区域,如水草密集处、渔网附近、水闸及涵洞口等,并避免随意跳水或潜泳。即使游泳技能娴熟,也不应轻易尝试横渡宽阔水域,而应在近岸安全区域活动。对于不会游泳者,更应限制在浅水区嬉水,严禁在陌生水域尝试学习游泳。

4.露营选址与安全保障

野外露营应谨慎选择营地,尽量避免露宿,除非有专业组织保障。营地应选在气候适宜、地势较高且平坦开阔的地方,如林中草地、大岩石面或山丘顶部,以确保通风良好、排水顺畅。帐篷应相对集中布置,便于相互照应,并确保帐篷底部干燥、边缘密封牢固、支撑稳固。入睡前务必再次检查营地安全,避免在山涧溪边、沟谷、裸露土坡或悬崖边缘等危险地带露宿,以防夜间遭遇自然灾害或意外坠落。在无帐篷的情况下,可考虑使用吊床替代,但需确保固定点牢固可靠,以防意外发生。

5.定向越野运动创伤的预防

定向越野运动因场地复杂、路线多变而具有一定的运动伤害风险,应根据其项目特点进行全面预防。首先要仔细观察地图以挑选适合自己体能和技能的最佳路线。和树木密集、地形复杂的路段相比,即使在路上跑动距离可能有所增加,但如果有路就应在路上跑动,而不要越野。

(1)路线规划与选择。在开始定向越野之前,运动员应仔细研究地图,了解地形地貌、道路分布、障碍点等信息,从而规划出既符合自身体能和技能水平,又能有效避开高风险区域的最佳路线。

1)遵循"有路则行"原则:在可能的情况下,优先选择有明确路径的道路行走或奔跑,这不仅能减少迷失方向的风险,还能降低因地形复杂而引发的意外伤害。当然,在确认地形平坦、无显著障碍的开阔地带,直接越野以节省时间和体力也是可行的。

2)绕行危险区域:对于地图上标注的陡坎、大水塘、难攀登的高地等潜在危险区域,应提前规划绕行路线,避免在比赛过程中因突发情况而被迫冒险穿越,从而减少受伤的可能性。

(2)科学的跑跳技巧。

1)合理分配体力:定向越野运动要求运动员在长时间内保持一定的奔跑速度,并具备快速加速的能力。因此,在奔跑过程中应注意控制节奏,避免一开始就过度消耗体力,确保能够持续稳定地完成比赛。

2)动作协调:奔跑时身体各部分应协调配合,特别是腿部和呼吸系统的协调,以提高运动效率并减少不必要的能量损耗。

3)跳跃技巧:在需要跳跃通过障碍物时,应选择合适的起跳点和落地点,确保跳跃动作稳定且安全。同时,注意保护关节和韧带,避免因跳跃不当而受伤。

(3)树林中奔跑的防护。

1)保护眼睛和脸部:在树林中奔跑时,树枝、树叶和藤蔓等自然障碍物可能对眼睛和脸部造成伤害。因此,运动员应随时注意保护这些部位,必要时可用手臂遮挡或佩戴防护装备。

2)穿着防护衣物:穿着长衣长裤可以减少皮肤暴露面积,降低被刮伤的风险。同时,选择透气性好、吸汗快干的材质也有助于保持身体舒适。

(4)定时补液与营养补充。

1)定时补液:运动过程中应定期补充水分和电解质,以维持体液平衡和能量供应。一般建议每隔15~20 min补充150~200 mL的运动饮料或水。

2)少量多次:补液时应遵循"少量多次"的原则,避免一次性大量饮水导致胃部不适或影响运动表现。

3)合理搭配营养:在比赛前和比赛期间,运动员应注意合理搭配饮食,确保摄入足够的碳水化合物、蛋白质和维生素等营养素,以支持高强度的运动需求。

综上所述,定向越野运动的预防措施涉及路线规划、跑跳技巧、树林中奔跑的防护以及定时补液与营养补充等多个方面。只有全面考虑并严格执行这些措施，才能有效降低运动伤害风险，保障运动员的安全和健康。

二、定向越野常见户外伤的预防与急救

(一)中暑

1. 中暑的原因

中暑是指在温度或湿度较高、不透风的环境下，因体温调节中枢功能障碍或汗腺功能衰竭，以及水、电解质丢失过多，从而发生以中枢神经或心血管功能障碍为主要表现的急性疾病。在高温天气进行剧烈活动（比如体育运动、军事训练、户外活动等）的人群，即使年轻健康的人也有可能中暑。

2. 中暑的症状

根据病情严重程度，将中暑分为三种类型，先兆中暑、轻症中暑和重度中暑。

（1）先兆中暑。在高温环境下进行长时间的运动或活动时，人体会经历一系列生理变化以应对高温的挑战。当运动员无法及时补充因出汗而流失的水分和电解质时，体内水分和电解质平衡将被打破，从而引发一系列先兆中暑的症状。这些症状包括大汗（尽管身体已处于脱水状态）、四肢无力、头晕、口渴、头痛、注意力不集中、眼花、耳鸣、动作不协调以及体温升高等，这些都是身体在警告运动员已经处于危险状态。

面对这种情况，迅速而有效地应对至关重要。首先，必须将患者立即带离高温环境，转移到阴凉、通风良好的地方，以降低体温并减少进一步的热损伤。其次，进行降温处理，如使用湿毛巾擦拭身体、扇风或使用冰块等物理降温方法，迅速降低患者的体温。

同时，及时补充冷盐水也是至关重要的。冷盐水不仅可以迅速补充体内流失的水分，还能帮助恢复电解质平衡，从而缓解因脱水引起的各种不适症状。在补充时，应遵循少量多次的原则，避免一次性大量饮水导致胃部不适或加重心脏负担。

如果采取了上述措施后，患者的症状仍然持续或加重，如出现意识模糊、抽搐等严重情况，应立即拨打急救电话并送往医院进行进一步治疗。

总之，对于在高温环境下长时间运动或活动的运动员来说，及时补充水分和电解质、注意防暑降温是预防中暑的关键。一旦出现先兆中暑症状，应立即采取有效措施进行救治，以避免病情恶化。

（2）轻症中暑。在先兆中暑症状的基础上继续加重病症，将会出现体温上升到 38 ℃以上，并且出现皮肤灼热、面色潮红或脱水（如四肢湿冷、面色苍白、血压下降、脉搏增快）等症状。此时采用和先兆中暑相同的处理方式，数小时内即可恢复。

(3)重度中暑。其表现为在高温环境下进行训练时,在训练过程中或训练后出现短暂性、间歇发作的肌肉抽动,一般持续时间为 3 min 左右,患者常常无明显的体温升高。该情况的发生可能与大量出汗,只补充水分、不补充盐分,体内大量缺钠或者过度通气有关。

运动员在高温环境下长时间运动后,若出现大汗、口渴、头晕、头痛、高热等症状,就应考虑发生了中暑。一般先兆中暑和轻度中暑的患者,经现场及时救护后,均可恢复正常。但对于重症中暑的患者,应立即转送医院进行救治。

3. 中暑的救护

先兆中暑和轻度中暑患者一般经现场救护即可恢复正常。现场救护步骤如下:

(1)脱离现场环境。迅速将患者带离高温、高湿环境,转移至通风阴凉处,将患者平卧(头部不要垫高)并解开衣领。

(2)快速降温。用浸湿的冷毛巾敷在患者头部,同时用凉水喷洒或用湿毛巾擦拭患者全身,并为其快速扇风,扇风有助于加快散热。

(3)药物服用。必要时可为患者服用一些人丹或十滴水。

(4)病情监测。应持续为患者监测体温。

重度中暑患者除上述降温方法外,还可用冰块或冰棒敷其头部、腋下和大腿腹股沟处,并及时就医。

4. 中暑的预防

(1)在户外工作时,应采取有效防护措施,切忌在阳光下长时间暴晒皮肤。

(2)适当补充水分、电解质等,应少量多次补水,避免脱水和中暑。

(3)提前服用藿香正气水、十滴水等药物预防中暑。

(二)踝关节扭伤

1. 踝关节扭伤的原因

踝关节扭伤是体育活动中一种常见的运动损伤,占所有运动损伤比例的 10%～30%。踝关节扭伤通常发生在踝关节向内、向外扭转时,踝关节超过其正常活动范围,导致脚踝周围的一个或多个韧带的牵拉伤或撕裂。在需要跳跃、组合动作(如旋转加上跳跃)或足部灵活的活动中容易引发,比如篮球、足球、越野跑、跳远等,或是在不平整的地面上跑步或走路时也会增加扭伤的风险。

2. 踝关节扭伤的症状

疼痛是所有踝关节扭伤的共同表现。

(1)轻中度扭伤。踝关节部位肿胀较轻,存在压痛点,活动脚踝时疼痛加重。

(2)重度扭伤。疼痛较剧烈,肿胀严重,伴有明显的皮下瘀斑,无法行走甚至无法负重。

(3)急性扭伤。疼痛程度比较严重,慢性期一般表现为长期局部轻、重度疼痛。

3.踝关节扭伤的处理

踝关节是人体距离地面最近的负重关节,也就是说踝关节是全身负重最多的关节。踝关节的稳定性对于日常的活动和体育运动的正常进行起着重要的作用。若踝关节扭伤得不到及时、有效、规范的处理,导致再次发生扭伤的概率很高,反复扭伤后可导致踝关节松弛,加快骨关节炎的发生。

(1)急性期处理。在运动医学中,专门针对运动损伤的处理称为"大米原则(RICE)"。在踝关节崴伤后,我们应及时采取 RICE 方式处理。大米原则(RICE)的四个急救步骤如下。

1)休息。受伤后,我们应及时停止运动,使用拐杖等辅助装置或应用支具固定踝关节。

2)冰敷。在受伤的 48 h 内冷敷,每 2～3 h 一次,每次 15～20 min,目的是控制肿胀,缓解疼痛。肿胀缓解时即可停止冷敷。

3)压迫。可应用弹力绷带加压包扎以减轻肿胀,可使用石膏、支具等来保护踝关节。

4)抬高患肢。将受伤的踝关节抬高,并高过心脏,有助于减轻肿胀。进行急性处理后,要及时到附近医院就诊。

(2)后期处理。在扭伤 48 h 后,或是肿胀缓解后,可以开始进行热敷。可根据自身情况考虑热敷次数,每次 15～20 min。

4.踝关节扭伤的预防

(1)加强脚踝部肌肉力量的训练,同时训练踝关节的灵活性和稳定性。

(2)在运动前进行充分的热身。

(3)若踝关节力量薄弱,在运动时可佩戴保护性外部支具或增强型护踝等。

(4)选择合适的运动鞋,在不平整的地面行走或跑步时应保持注意力集中。

(5)进行野外跑比赛时,可以在赛前打好绷带对脚踝进行支持和保护。踝关节扭伤的预防如图 6-19 所示。

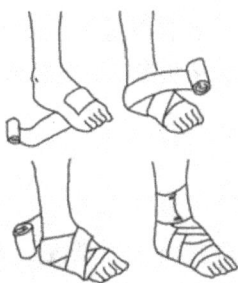

图 6-19 踝关节扭伤的预防

(三)鼻出血

鼻出血时,首先要保持头部直立位,不要仰头,仰头可能会导致鼻血倒流进入气管引起窒息。可用手指捏住鼻翼两侧 4 min 压迫止血,同时张嘴呼吸。其次,可用毛巾包裹冰袋冷敷鼻翼部位 5～10 min,观察鼻出血是否停止。若鼻出血未停止,可以用棉球填塞鼻孔,以起到压迫止血的作用。经上述方法仍然无法止血,应及时到医院进行相应的处理。

(四)蜂蜇人

1.蜂蜇人的原因

无论是蜜蜂还是马蜂,通常不会主动攻击人,有时会停在人身上,这时不要用手去赶它,那样会被误认为遭到攻击,它就会伤人。被蜜蜂或是马蜂叮咬后,应及时规范处理,若处理不当,则有可能被细菌感染,或引发过敏反应,危及生命。因此在户外活动时,我们应注意不去惊扰蜜蜂和马蜂,不主动攻击;在被蜜蜂和马蜂叮咬后,应及时处理,一旦有不良反应,要以最快速度将伤者送往最近的医院进行救治。

2.蜂蜇人的处理

(1)除去毒刺。应先用细针挑出蜜蜂或马蜂留在蜇伤处的毒刺,减少毒素的吸收,切忌挤压毒刺,挤压可能会导致毒刺里的毒液释放出来。

(2)脱掉蜇伤处的紧身衣物。蜇伤处若有紧身的衣物或首饰等,应及时去除,避免伤口肿胀后造成不适。

(3)冲洗伤口。由于蜂蜇后的毒素为酸性,可用肥皂液反复冲洗伤口。

(4)局部冰敷。用冰块或冰水湿敷患处至少 10 min,可以缓解疼痛和减轻肿胀。

(5)注意事项。不要抓挠伤口,也不要往伤口上抹醋、盐、苏打水等杂物,以防感染。在简单处理后应及时就医。

3.过敏反应需警惕

若对蜂毒过敏的人,或是伤者有全身出现皮疹、呼吸困难、喉咙发紧、恶心或呕吐、说话困难、失去意识、大小便失禁、心率脉搏加快等不适症状,应立刻送往最近的医院就诊。

(五)蛇咬伤

1.蛇咬伤的症状

户外运动时,有可能会遇到蛇咬人的情况。若是被毒蛇咬伤,大约在 1～3 h 内,就会出现视线模糊、眼睑下垂、言语混乱、吞咽困难、恶心和呕吐等症状并迅猛发展。严重者可导致肢体瘫痪、惊厥、昏迷、休克、呼吸麻痹和呼吸停止。所以在野外如遇蛇咬伤时,一定要做一些急救处理,否则后果不堪设想。

2.蛇咬伤的急救处理

(1)应先尽量认清楚咬伤蛇的外观及特征,有条件时可将蛇带到医院。

(2)保持镇静,并去除介质及其他约束带,以免后续肿胀无法取出。尽量不要移动患肢,并使其低于心脏位置。

(3)伤口处的血切忌用口吸出,可以用手或吸血器吸出,但一般不建议使用。

(4)使用弹性绷带包扎伤口上方,以减少毒液回流。

(5)应立刻寻求帮助,等待救援人员,伤者避免走动,以免加速血液循环。

3.蛇咬伤的预防

(1)在户外运动时,尽量穿着长衣长裤,备好蛇药,提高防御能力。

(2)"打草惊蛇"。在草丛中行走,手拿一根小棍不停地抽打前面的草、发出响声,把蛇吓跑。

(3)不要随便在草丛和蛇可能栖息的场所坐卧。

(4)遇到蛇应远道绕行,若被蛇追逐时,应向上坡跑,或忽左忽右转弯跑,一定不能直跑或直向下坡跑。

(六)犬咬伤

1.狂犬病

犬咬伤不但给人带来人体的机械性损伤,而且可将狂犬病毒带入人体,引起一种以侵犯神经系统为主、以恐水为主要临床特征的急性传染病,称为狂犬病。

人多因被病兽咬伤而感染。临床表现为特有的恐水、怕风、咽肌痉挛等。狂犬病一旦发病,进展迅速,病死率几近100%,患者一般于3～6日内死于呼吸或循环衰竭,故应加强预防措施。

2.犬咬伤的应急处理

当被犬等宿主动物咬伤后,凡不能确定伤人动物是否健康,都应采取以下措施。

(1)立即用肥皂水或清水冲洗伤口15 min,彻底冲洗伤口是决定抢救成败的关键。

(2)立即到就近医院门诊接种全程、足量的狂犬疫苗,严重的还应注射抗狂犬病血清或免疫球蛋白。

(3)接种期间避免剧烈活动,忌用免疫抑制药物,忌酒、咖啡、浓茶和辛辣刺激等食物。

(4)伤口较深、污染严重者酌情进行破伤风处理和使用抗生素等。

3.遇到犬时的注意事项

(1)遇到犬时,切记不要奔跑,逃跑会激发犬的追击心理,最好的方式就是原地站立,并冷静下来。

(2)不要和它的眼睛对视。当犬生气或者对你发出警告之后,你的对视会被它当成一种威胁。

(3)在犬要咬你的时候,用包之类的随身物品遮挡身体,可以避免被犬咬伤。厚一点的物品会让犬的牙齿接触不到你的皮肤。

(4)如果被犬扑倒,应立刻保护头部和颈部,并选择合适的时机果断地进行反击,大力击打犬的鼻子或者耳朵。

第四节　止血、包扎与骨折的救护

一、止血

出血是最需要急救的危险症状之一,人体全身的血量大约占体重的 8%。当出血量大于 20%(800~1 000 mL)时,伤员将会出现面色苍白、肢体发凉的症状;当出血量大于 40%(2 000 mL 以上)时,伤员将会出现心慌、呼吸快、脉搏血压测不到等症状,因此需要立即对伤员采取止血措施。

(一)指压止血

指压止血适用于小动脉或静脉出血,用手指把出血部位近端的动脉血管使劲压住,从而使血管闭塞、血流中断以达到止血的目的。

(1)颞动脉止血法。其适用于头部出血、前额和太阳穴的出血。一手托扶住伤员的头部,用另一手拇指垂直压迫在耳屏上方凹陷处,其余四指托住下颌。

(2)颌外动脉止血法。其适用于颌部及面部的出血。一手托扶住伤员的头部,用另一手拇指在下颌角前上方 1.5 cm 处垂直按压,其余四指托住下颌。

(3)锁骨下动脉止血法。其适用于肩部、上肢的出血。用一手拇指在锁骨上窝搏动处向下垂直压迫,其余四指扶住肩膀。

(4)肱动脉止血法。其适用于手部、前臂及上臂中或远端出血。用一手握住伤员的腕部,将伤员的手臂上提呈 90°并外展,用另一手指在上臂肱二头肌内侧沟搏动处垂直压迫。

(5)尺、桡动脉止血法。其适用于手部的出血。用两指按压在腕横纹上方两侧动脉搏动处。

(6)股动脉止血法。其适用于大腿、小腿或足部的出血。用双手拇指重叠放在大腿腹股沟稍下方大腿根部动脉搏动处垂直向下压迫。

(7)指动脉止血法。其适用于手指出血。用一手拇指和食指分别压迫在受伤手指的两侧。指动脉止血法如图 6-20 所示。

(二)加压包扎止血

加压包扎止血适用于血管较小的出血。用干净的敷料垫在伤口处,户外无条件时可用干净的毛巾或衣服,然后用绷带、三角巾,或是用衣服制成简易的三角巾紧紧包扎伤口处,以达到压迫效果,停止出血。加压包扎止血如图 6 - 21 所示。

图 6 - 30　指动脉止血法　　　图 6　21　加压包扎止血

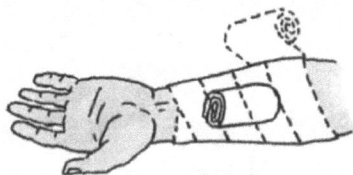

(三)止血带止血

(1)适用范围。止血带止血适用于四肢大出血时使用,如股动脉大出血,它通过压迫血管阻断血行以达到止血的目的,是一种简单、有效的止血方式。

(2)操作方法。用布料或干净的衣物垫在伤口处(以免止血带剐蹭皮肤),用止血带或是橡皮管,在户外时可用皮带、领带或鞋带等,紧紧压在伤口处,进行打结。

(3)注意事项。止血带不宜太紧,以免导致血流不通畅,以出血逐渐停止最为适宜;每隔 0.5 h 需要解开止血带放松一次,每次放松 2～3 min,放松时采用指压止血。上止血带的总时间不应超过 5 h,以免造成缺血或"止血休克",同时要在止血带上做好明显的时间标注,以便后续医务人员进行救治。

二、包扎

(一)包扎的目的

在急救中,为了帮助止血、保护伤口,固定敷料、防止污染、减轻疼痛、利于转运等,将对伤者患口处进行包扎。

(二)包扎的材料

包扎的材料有尼龙网套、三角巾、绷带等,在户外时,我们还可以就地取材使用衣服、毛巾等。

(三)包扎的方法

包扎的方法:环形包扎法与螺旋包扎法。

1. 环形包扎法

环形包扎法适用于一般伤口,用于额部、手腕和小腿下部粗细均匀的部位。环形包扎法步骤如图 6-22 所示。

(1)用敷料盖于伤口。

(2)绷带一端稍斜,环绕一圈,将折角返回环形圈上,环绕第二圈(环形固定)。

(3)加压 5 圈,直至完全裹住敷料。

(4)将绷带尾端从中线分成两条布,两条布先打一结,再绕肢体打结固定。

图 6-22　环形包扎法步骤

2. 螺旋包扎法

螺旋包扎法适用于肢体粗细相差不多的部位,如上臂、大腿下段和手指。螺旋包扎法步骤如图 6-23 所示。

(1)用敷料盖于伤口。

(2)绷带一端稍斜,环绕一圈,将折角返回环形圈上,环绕第二圈(环形固定)。

(3)从第三圈开始,环绕时压住前一圈的 1/2 或 1/3 进行螺旋缠绕,直至完全裹住敷料。

(4)将绷带尾端从中线分成两条布,两条布先打一结,再绕肢体打结固定。

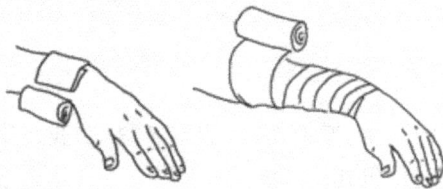

图 6-23　螺旋包扎法步骤

三、骨折的救护

(1)首先准备两块夹板,放于受伤的大臂(或小臂)两侧(见图 6-24),用三角巾或绷带进行固定。

(2)将三角巾平铺于胸前,顶角与伤肢肘关节平行。

(3)然后弯曲受伤的手臂,接着提起三角巾的下端,绕到颈后,与另一端打结即可。

(4)整理外角或打结处,使患者以舒适的角度,将前臂吊于胸前。

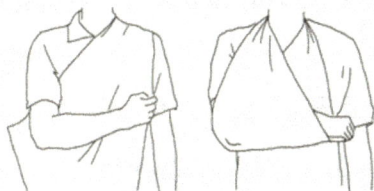

图 6-24　三角巾大臂(小臂)骨折包扎

第五节　心肺复苏

一、心肺复苏的重要性

在生活中我们难免会遇到意外,如溺水、中毒、触电等;在参与运动时,部分运动者可能会由于潜在的心血管疾病或由于运动中的意外或激烈的碰撞、高强度运动引发心搏骤停。此时"心肺复苏(CPR)"是最重要、最有效的急救手段,如图 6-25 所示。

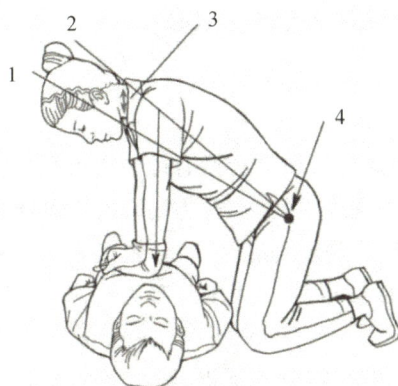

图 6-25　心肺复苏

1—向下按压;　2—向上放松;　3—5~6 cm;　4—支点(髋关节)

据统计,心搏骤停的患者80%都发生在医院外,若在4 min内得到及时有效的心肺复苏,抢救成活率能够达到50%。6 min后则会造成患者的脑部和其他人体重要器官组织的不可逆的损害,若不及时抢救,将可能会失去生命。2020年,中国红十字会总会和教育部联合印发《中国红十字会总会　教育部关于进一步加强和改进新时代学校红十字工作的通知》(中红字〔2020〕24号),将心肺复苏纳入教育内容。由此可见,学习心肺复苏对于我们的日常生活和户外运动中的健康防护均具有重大意义。

二、心肺复苏的操作步骤

心肺复苏按照C－A－B三原则进行救助,即按压、打开气道、人工呼吸。具体操作步骤如下。

(一)判断现场环境是否安全

在确保周围环境安全的情况下,跪在距患者一拳远的位置,大拇指内扣,双手轻拍患者肩膀,贴近患者耳旁,大声呼喊:"×××先生(女士),您能听得到吗?"

(二)观察患者是否有心跳与呼吸

耳朵贴近患者鼻翼,手放腹部,目光侧向患者的心脏和腹部,观察是否有起伏,确认患者是否有心跳与呼吸。

(三)现场求助

在确认患者无心跳与呼吸时,向现场表明自己救援员的身份;并且指定一位现场人员帮忙拨打120并确认反馈;询问现场有无救助员一起进行急救;向周围群众求助帮忙寻找自动体外除颤仪(AED)。

(四)实施救援

1.胸外按压

拉开患者衣物,确认自己和患者没有佩戴首饰后(避免二次伤害),开始进行胸外按压。找到两乳头连线中间(女性为肋骨交合处上两指)的位置,身体前倾,手臂伸直,掌根按压,按压深度为5～6 cm,频次为100～120次/min。注意手掌不离开患者身体。30次按压、2次人工呼吸为一组,5组一循环。

2.开放气道

30次胸外按压后,双手扶额与下巴,将患者的头部移向背对自己的一侧,清理患者口腔异物,清理完毕后将患者头部摆正,一手掌根按住患者额头,一手双指抬起患者下巴,帮助患者打开气道。

3.人工呼吸

打开气道后,用一只手捏住患者鼻子,注意没有捏住鼻子的手指需要抬起,避免碰到患者的眼睛,然后尽量用自己的嘴包住患者的嘴,轻吹两次。注意避免深呼吸吹气,因此人工呼吸不采用"深呼吸"是因为效率和必要性。

(五)保暖措施与安抚患者

5组一循环后,再次确认患者有无意识,有无心跳。若患者醒来,则给患者穿好衣物,安抚患者,稳定患者情绪,避免患者再次昏迷,等待急救车的到来;若患者仍然没有意识与心跳,则重复心肺复苏,直到患者醒来、救护车的到来或自己精疲力竭。

思考与练习六

(1)作为一名定向越野运动选手,在进行运动时需掌握哪些技能?

(2)了解和掌握野外生活的准备工作。

(3)在野外如何运用大自然对方位进行判定?

(4)在进行定向越野运动过程中,应如何预防创伤的发生?

(5)简述野外生存需要注意的事项。

(6)简述心肺复苏的正确步骤。

第七章 定向越野专项知识分层教学设计

本章介绍定向越野专项知识的分层教学设计,包括体能训练、地图阅读、导航技巧、专项技术等多个方面。强调定期指导和反馈,通过这套分层教学设计,无论是初级、中级、高级的学生或运动员,都能够在学习定向越野的道路上迈出坚实的步伐。

第一节 定向越野练习目标

(1)学习定向越野理论知识,掌握定向越野的基本技能,了解定向越野基本竞赛规则理论,通过合理地学习和锻炼过程,改善学生的心肺功能、速度、耐力等身体素质,达到增强学生体质的目的。

(2)培养学生定向越野的兴趣,鼓励学生积极参与该项运动,体验成功,形成运动爱好,树立终身体育的观念,促进心理健康的发展。

(3)培养学生的竞争意识和顽强拼搏的精神,学会独立面对困难,克服困难,磨练意志品质,全面提高学生的生存能力。

(4)了解并掌握野外活动的安全常识和野外自我救护的方法手段,并把所学知识应用到日常生活中,提高学生野外生存能力。

(5)充分利用定向越野项目户外空间与绿色锻炼环境,对学生视力健康起到防控作用。

第二节 定向越野初级教学与练习

一、定向越野理论教学

(1)定向越野概述:定向越野的概念、作用及分类;国内外定向越野的发展演进、现状及发展趋势;定向越野的价值;定向越野的特点与文化内涵;国内外定向越野主要赛事、开展情况及定向越野的组织机构等。

(2)定向越野地图知识:认识定向越野地图上比例尺、地物符号、地貌符号、指北方向线和图例注记五大要素以及常用地图符号和颜色所表达的含义。

(3)定向越野线路知识:定向越野线路检查点说明常用符号含义。

二、定向越野专项技术教学

(1)标定地图:利用明显地物、地貌标定;利用线性地物标定;利用指北针标定。

(2)图地对照:把地图上的地物、地貌、常用颜色和符号与实地中相应的事物对应起来。

(3)粗略定位:对照实地大的、明显的地物,或沿明显的"扶手"特征行进。边行进边读图,同时不断地调整地图的方位。

(4)指北针技术:能够快速标定地图,确定前进方向,测量图上距离。

三、定向越野身体素质练习

(一)提高一般身体素质的练习

(1)耐力练习:中距离跑走交替练习、加速跑与慢跑交替练习。

(2)速度练习:50 m、100 m、200 m 加速跑、折回跑练习。

(3)力量练习:高抬腿、俯卧撑、静力半蹲、多级蛙跳、投掷实心球、仰卧起坐练习。

(4)灵敏性练习:在跑步过程中做出各种动作,如快速改变方向跑、各种躲闪动作、各种球类活动等。

(5)柔韧性练习:躯干、腿部和踝关节的柔韧练习,可结合动力性、静力性两种方式进行练习。

(二)提高专项身体素质的练习

(1)专项体能练习:在空地设若干个点,各点之间距离不等,可环形设计,总距离为 300~500 m。学生按照规定路线进行分组接力、追逐跑练习。

(2)定时跑:要求学生不看时间,采用不同的速度跑 1 min 或 2 min,体验时间的感觉。

(3)距离感跑:采用不同的速度跑 1 min,要求学生说出所跑的具体距离,提高平地距离感。

第三节　定向越野中级教学与练习

一、定向越野理论教学

（1）定向越野理论知识：重新确定站立点的方法、选择路线应遵循的原则、正确合理选择导航点、保持正确行进方向。掌握短路段使用精确定向技术和长路段依靠导航特征分段定向技术，了解定向越野技术的分类和各项技术要领，掌握定向越野的技巧。

（2）定向越野生存教育：定向越野野外安全教育常识、注意事项。

（3）定向越野健身理论：健身理论知识、定向越野健身特点和方法。

二、定向越野专项技术教学

（1）重新确定站立点技术。包括直接确立（利用单个的地物、特殊地物、地貌）、利用位置关系确立、利用"交会法"确立（利用截线法、后方交会法）。

（2）扶手定向技术。在地图上"纸上谈兵"进行扶手练习；在实地上，提前思考，选定导航点，抬头向前看，图地对照。学会选择最佳"扶手"技巧，如特殊地物、地貌、（小路、大路、地界类、输电线）等明显地物。

（3）距离感知技术。步测练习、实地距离感练习、目测估算法练习等。

（4）视觉追踪技术。跑中看图、跑中看报纸练习，强迫性读图、目标追随。

（5）路线决策技术。掌握"省时、省力、安全"的路线选择原则。掌握路线选择技巧，学会选择适合自己的最佳路线。

（6）空间感知技术。使用指北针与地图捆绑，计算出攻击点到检查点的距离，并折成复步，然后用指北针的直尺边所指的方向，按折算的复步跑上检查点。

三、定向越野身体素质练习

（一）提高一般身体素质的练习

（1）耐力练习：在林中或不平地面进行变速跑、间歇跑或长距离越野跑练习。

（2）力量练习：负重深蹲练习，连续跳多级台阶练习，拖人跑，站在台阶上提踵，腰腹、背部力量练习。

（3）灵敏性练习：在越野跑过程中做出各种动作，如突然下蹲、跨越障碍、快速急停和改变方向等练习，各种跳跃练习等。

（4）速度练习：在林中或不平地面进行加速跑和变向跑练习。

（5）柔韧性练习：结合力量进行髋关节、小腿和大腿肌肉的柔韧性练习，提高在各种起伏和不平地形中跑的能力。

(二)提高专项身体素质的练习

(1)耐力跑加读图练习:要求学生手持地图、图片或报纸,中速跑的过程中快速准确读图练习。

(2)精确距离感跑步练习:教师在平地、上坡或下坡的地形中确定不同距离的线路,要求学生尽可能地准确计算自己所跑路线的距离。

(3)不同地形越野跑练习:在野外的丘陵、山坡、谷地、林地和各种开阔地中进行不同距离、不同跑速的奔跑练习。

第四节　定向越野高级教学与练习

一、定向越野理论教学

(1)定向越野检查点说明符号规范理论:IOF 最新版检查点说明简介、检查点说明表符号解释及应用。

(2)定向越野竞赛与规则的介绍:竞技定向越野竞赛类型、流程,比赛的场地、地图与线路设计要求,定向越野比赛中的违例与处罚。

(3)定向越野裁判法的介绍:定向越野裁判员具备条件、定向越野竞赛各裁判职责、工作重点及器材,定向越野竞赛裁判工作中易出现的问题及处理方法。

二、定向越野专项技术教学

(1)野外穿越技术:利用指北针较准确穿越通行性较好的大范围地形。

(2)等高线识别技术:了解等高线特点、利用等高线分析实地地貌及准确确定站立点。

(3)简化地图技术:能够从复杂的地图中抓住有用的信息符号。

(4)速度与读图结合技术:学会在奔跑中阅读地图,使得奔跑速度与读图速度相结合,达到整条路线流畅性。

(5)小组竞赛组织与实践:掌握定向越野竞赛的主要规则和裁判方法,通过裁判参与提升学生组织和应用能力。

(6)定向越野赛后分析与总结:①在地图上划出所跑路线,把握不大的在图上标明;②写下检查点之间赛程时间;③描写你所选择的两个检查点之间的路程以及为什么选择这条路线;④写出你所遇到的问题和你所犯的错误;⑤分析每个赛程中的错误并估算失去的时间。

(7)定向越野生存能力创新方案:为了提高定向越野的专项价值,结合定向越野有关的知识,在组织形式和具体内容上与生存能力改善进行方法创新。

三、定向越野身体素质练习

(一)提高一般身体素质的练习

(1)耐力练习:长距离越野跑、间歇跑练习等。

(2)力量练习:沙坑跳练习、直腿快速上下台阶练习、单腿深蹲练习、深蹲走练习等。

(3)速度练习:上坡下坡加速跑、快速转身折回跑、追逐跑、接力跑练习等。

(二)提高专项身体素质的练习

(1)沿着等高线耐力跑练习:要求学生基本能够维持在水平的等高线行进,掌握斜坡跑步的方法,不出现过度跑偏的现象。

(2)多变地形跑练习:如林中绕树跑、不同宽度冲沟跨越、不同高度土崖及障碍物翻越和不同地面奔跑的练习。

(3)穿越越野跑练习:要求学生练习沿指北针方位准确穿越树林或空地的能力。

第五节 理论教学、专项技术、身体素质内容分层表

初级、中级、高级课程理论教学内容分层表见表7-1。

表7-1 初级、中级、高级课程理论教学内容分层表

初级	定向越野概述	定向越野概述:定向越野的概念、作用及分类;国内外定向越野的发展历程、现状及发展趋势;定向越野的价值;定向越野的特点与文化内涵;国内外定向越野主要赛事及其开展情况、定向越野的组织机构等
	定向越野地图基本知识	定向越野地图知识:认识定向越野地图上比例尺、地物符号、地貌符号、指北方向线和图例注记五大要素以及常用地图符号和颜色所表达的含义
	定向越野线路检查点说明	定向越野线路知识:定向越野线路检查点说明常用符号含义

续　表

中级	定向越野技能理论	定向越野理论知识:重新确定站立点的方法、选择路线应遵循的原则、正确合理选择导航点、保持正确行进方向。掌握短路段使用精确定向的技术和长路段依靠导航特征分段定向的技术。了解定向越野技术的分类和各项技术要领,掌握定向越野的技巧
	定向越野生存教育	定向越野安全教育:定向越野野外安全教育常识、注意事项
	定向越野健身理论	定向越野健身理论:健身理论知识、定向越野健身特点和方法
高级	检查点说明符号规范	IOF检查点说明表常用符号解释及应用
	定向越野竞赛规则	竞技定向越野竞赛类型、流程,比赛的场地、地图与线路设计要求,定向越野比赛中的违例与处罚
	定向裁判法	定向越野裁判工作简述、裁判员具备条件、定向越野竞赛各裁判职责、工作重点及器材,定向越野竞赛裁判工作中易出现的问题及处理方法

初级、中级、高级课程专项技术内容分层表见表7－2。

表7－2　初级、中级、高级课程专项技术内容分层表

初级	标定地图	利用明显地物、地貌标定地图,利用线性地物标定地图,利用指北针标定地图
	图地对照	把地图上的地物、地貌、常用颜色和符号与实地中相应的事物对应起来
	粗略定位	对照实地大的、明显的地物,或沿明显的扶手特征行进。边行进边读图,同时不断地调整地图的方位
	指北针技术	能够快速标定地图,确定前进方向,测量图上距离
中级	重新确定站立点技术	直接确立(利用单个的地物、特殊地物、地貌)、利用位置关系确立、利用"交会法"确立(利用截线法、后方交会法)
	"扶手"定向技术	在地图上"纸上谈兵"进行扶手练习;在实地上,提前思考,选定导航点,抬头向前看,图地对照。学会选择最佳"扶手"技巧,如特殊地物、地貌、(小路、大路、地界类、输电线)等明显地物
	感知训练	步测练习、实地距离感练习、目测估算法等
	视觉训练	跑中看图、跑中看报纸练习,强迫性读图,远近目标追随
	决策训练	掌握"省时、省力、安全"的路线选择原则。掌握路线选择技巧,学会选择适合自己的最佳路线

续 表

中级	空间能力训练	使用指北针与地图捆绑，计算出攻击点到检查点的距离，并折成复步，然后用指北针的直尺边所指的方向，按折算的复步跑上检查点
高级	野外穿越技术	利用指针较准确穿越通行性较好的大范围地形
	等高线技术	了解等高线特点、各种地貌符号；利用等高线分析实地地貌及准确捕捉检查点
	简化地图技术	能够从复杂的地图中抓住有用的信息符号
	应急逃生定向	学会在奔跑中阅读地图，使得奔跑速度与读图速度相结合，达到整条路线流畅性
	生存能力方法创新	为了提高定向越野的专项价值，结合定向越野有关知识，在组织形式和具体内容上与生存能力改善进行方法创新

初级、中级、高级课程具体素质内容分层表见表7-3。

表7-3 初、中、高级课程身体素质内容分层表

初级	专项身体素质	专项体能练习	在空地设若干个点，各点之间距离不等，可环形设计，总距离300~500 m。学生按照规定路线分组接力、追逐跑练习
		定时跑练习	要求学生不看时间，采用不同的速度跑1 min或2 min，体验时间的感觉
		距离感跑练习	采用不同的速度跑1 min跑，要求学生说出所跑的具体距离，提高平地距离感
	一般身体素质	柔韧性练习	躯干、腿部和踝关节的柔韧练习，可结合动力性、静力性两种方式进行练习
		耐力练习	中距离跑走交替、加速跑和慢跑交替练习
		力量练习	高抬腿、俯卧撑、静立半蹲、多级蛙跳、投掷实心球、仰卧起坐练习
		速度练习	50 m、100 m、200 m加速跑、折回跑练习
		灵敏性练习	在跑步过程中做出各种动作，如快速改变方向跑、各种躲闪动作，各种球类活动等

续表

中级	专项身体素质	耐力跑加读图练习	要求学生手持地图、图片或报纸,中速跑的过程中快速准确读图练习
		精确距离感跑步练习	教师在平地、上坡或下坡的地形中确定不同距离的线路,要求学生尽可能地准确计算自己所跑路线的距离
		不同地形越野跑练习	在野外的丘陵、山坡、谷地、林地和各种开阔地中进行不同距离、不同跑速的奔跑练习
	一般身体素质	耐力练习	在林中或不平地面进行变速跑、间歇跑或长距离越野跑练习
		力量练习	负重深蹲练习,连续跳多级台阶练习,拖人跑,站在台阶上提踵,腰腹、背部力量练习
		速度练习	在林中或不平地面进行加速跑和变向跑练习
		灵敏性练习	在越野跑过程中做出各种动作,如:突然下蹲、跨越障碍、快速急停和改变方向等练习,各种跳跃练习等
		柔韧性练习	结合力量进行髋关节、小腿和大腿肌肉的柔韧性练习,提高在各种起伏和不平地形在跑的能力
高级	专项身体素质	沿等高线耐力跑练习	要求学生基本能够维持在水平的等高线行进,掌握斜坡跑步的方法,不出现计算跑偏的现象
		多变地跑练习	林中绕树跑、不同宽度冲沟跨越、不同高度土崖及障碍物翻越和不同地面奔跑的练习
		穿越跑练习	要求学生沿指北针方位快速准确穿越树林或空地
	一般身体素质	耐力练习	长距离越野跑、间歇跑练习等
		力量练习	沙坑跳练习、直腿快速上下台阶练习、单腿深蹲练习,深蹲走练习等
		速度练习	上坡或下坡加速跑、快速转身折回跑、追逐跑、接力跑练习等

　　根据定向越野自身教学的情况和不同时期学生学习与掌握定向越野技术、技能的基本要求,推出了普通高等学校定向越野(初、中、高)三个级别的等级示范技能,各校可根据自身情况,自行选择相应技能,同时创新教学方法,以丰富教学内容、提高学生学习的积极性。

思考与练习七

(1)针对自身情况,完成一份适合自己的教学设计。

(2)针对自身情况,设计一套身体素质练习。

(3)设计出一份不同等级课程中的训练计划安排。

第八章　定向越野比赛

定向越野作为一项集智力、体力和技能于一体的户外运动,在全球范围内蓬勃发展,吸引了无数爱好者的积极参与。良好的训练组织和教育组织、比赛组织和比赛准备是竞赛顺利开展的前提。深入探讨如何组建一支具有竞争力的定向越野队伍,而优秀的队伍建设和比赛组织,是确保每位参与者都能在公平、公正的环境中竞技。

第一节　定向越野队伍建设

一、明确目标任务

组队前要根据比赛任务及学校自身情况确定既明确又现实的目标任务。其可分为:技术目标、体质目标、战术目标,以及各训练期的目标和总的目标。

二、挑选队员

无论是新建队还是长年传统项目队都要进行科学选才,成功的选才是训练成功的前提。

(一)选才条件

在选拔运动员的过程中,一系列核心指标被广泛采纳以确保选出具有潜力的候选人。

(1)身体机能:这一维度聚焦于运动员内脏器官系统的功能状况,它是不同运动项目选才时不可或缺的基础考量。例如,定向越野强调运动员需具备出色的中、长距离奔跑能力,这直接关联到其心肺功能的强健程度。而体操项目则侧重于前庭分析器的灵敏度和时空判断的准确性,这些能力对于完成复杂而精确的动作至关重要。

(2)运动素质:涵盖了一般身体素质以及针对特定项目的专项身体能力。在选拔过程中,会设计一系列测试来评估运动员的速度、力量、耐力、灵活性及协调性等基本素质,并特别关注那些能够反映其专项潜力的指标。

(3)心理素质:运动员的神经类型(如兴奋型、稳定型等)和意志品质(如坚韧不拔、勇于挑战等)对其竞技表现有着深远的影响。因此,心理素质评估也是选才过程中的重要环节,旨在识别出那些能够在高压环境下保持冷静、专注并持续发挥的运动员。

(4)基本技术:技术基础扎实且动作协调的运动员往往更容易在比赛中脱颖而出。因此,选拔时会重点考察运动员的技术掌握程度以及完成动作时身体各部分的配合情况,以确保其具备进一步提升和适应高水平竞技的能力。

在综合评估上述指标时,除了进行单因素对比和综合分析外,还应考虑其他关键因素的影响。这包括遗传因素对运动员潜力的影响、成熟期的早晚对其发展轨迹的塑造、运动素质发展的敏感期内的针对性训练、测试近期运动员的身心状态是否处于最佳、家庭和社会环境对其成长的支持与限制,以及学业和思想品德水平对其全面发展的促进作用。全面而深入地分析这些因素,有助于更准确地判断运动员的可塑性和未来发展前景,从而做出更加科学合理的选才决策。

(二)选才步骤

1.选才方案内容

(1)选才目的:明确选拔运动员的初衷,如为校队补充新鲜血液、提升团队竞争力或备战特定赛事等。

(2)选择人数与年龄范围:根据团队需求及项目特点,设定合理的选拔人数及适宜的年龄跨度。

(3)主要条件:列出选拔运动员所需满足的基本条件,包括身体条件、心理素质、技术基础等。

(4)测试项目与指标:设计全面且有针对性的测试项目,明确各项目的评价标准与参数,确保选拔的科学性和公平性。

(5)被选择单位:确定选拔范围,如面向全校、特定年级或外部招募等。

(6)调查内容:列出需收集的信息,如运动员的运动经历、家庭背景、学业成绩及品德表现等,以全面了解候选人情况。

(7)报名与测验地点:明确报名方式、截止日期及测验的具体地点,确保流程顺畅。

(8)审批手续:规定选拔过程中的审批流程与责任人,确保选拔工作的规范性和透明度。

(9)工作人员分工:明确各岗位人员的职责与任务,确保选拔工作有序进行。

2.关键性问题的处理

对于选才目的、条件、测验项目与指标等关键性问题,应组织专家团队进行充分讨论,确保方案的科学性和合理性。同时,报请校领导审核把关,确保方案符合学校整体发展规划。

3.初选阶段

实施方式:

(1)测试与比赛现场观察:结合两种方式进行初选。通过测试了解运动员的基本素质与潜力;通过比赛现场观察评估其实际表现与心理素质。

(2)招生通知与健康检查:提前发布招生通知,明确选拔要求与流程。对所有报名者进行健康检查,确保符合运动训练的基本要求。

注意事项:

(1)测试过程应严格按照方案执行,确保公平公正。

(2)比赛现场观察应多次进行,避免单一比赛结果的片面性。登记多方面特征,辅以必要的测试手段,以获取更全面的信息。

(3)初选名单应留有足够的余地,确保后续筛选工作的灵活性。对有争议的候选人保持开放态度,在筛选中进一步考察。

4.筛选阶段

实施方式:

(1)试训:通过一段时间的试训(包括训练课与教学比赛),对候选人的实际表现进行有意识的观察与评估。

(2)积累分析资料:记录试训过程中的各项数据与信息,进行系统的分析与整理。

(3)权衡条件与决定去留:综合考虑候选人的身体素质、心理素质、技术水平及发展潜力等因素,准确判断其是否适合继续留在选拔队伍中。

注意事项:

(1)试训期间应给予候选人充分的展示机会与指导支持。

(2)分析资料时应客观公正,避免主观臆断,筛选结果应及时通知候选人及其家长或监护人,并做好解释与沟通工作。对于未入选的候选人,应给予鼓励与建议,帮助其寻找其他适合的发展方向。

三、运动队的规章制度

学校课余运动训练队是学校的一种训练组织和教育组织,同教学的班级组织一样,应按照教育方针,体现学校教育的特点。根据学校教育规律,实施科学管理,建立各种规章制度,有利于规范学生参加训练的行为,形成正确的、积极的舆论,促进队伍内部的自我管理,建设优良的队风。

（一）学习检查制度

为了有效监测学生的学习进展与表现，并促进其全面发展，可以实施一项定期的成绩检查与反馈制度。该制度通常可设定为每月或每半个月进行一次，旨在全面了解学生的上课出勤情况、作业完成情况以及考试成绩等关键指标。

（二）训练作息制度

建立严格的训练作息制度，要求充分利用所规定的每周、每次的训练时间，做到训练时认真训练，学习时专心学习，休息时好好休息，不得任意占用学生的训练、学习和休息时间。学生应严格要求自己，做时间的主人，做到文化学习和运动训练两不误，德、智、体、美、劳全面发展。

（三）运动卫生制度

教练员系统且有针对性地传授运动卫生知识，对于培养运动员形成优良的运动卫生习惯至关重要。这一举措在预防常见疾病及运动损伤、维护运动员健康、保障日常训练顺利进行方面发挥着不可忽视的积极作用。

（1）饮食与饮水管理：强调运动中适时适量补水的重要性，以及运动前后合理进食的卫生原则，确保运动员体能得到科学补充与恢复。

（2）装备与清洁标准：对运动衣、鞋的材质选择、尺码适配及日常清洁维护提出明确要求，以减少因装备问题导致的运动伤害。

（3）热身与放松环节：重视运动前后的准备活动与放松练习，通过科学的热身预防运动损伤，放松练习则有助于缓解肌肉紧张，促进恢复。

（4）场地与器材安全：确保运动场地平整无隐患，器材使用符合安全规范，预防因环境因素导致的意外事件。

（5）季节适应性措施：针对季节变化，制定如冬季防冻伤、夏季防中暑的特别指导，同时强调洗澡的卫生要求，保持身体清洁与舒适。

四、贯彻执行运动队规章制度的基本要求

（1）在制度执行上，我们必须秉持持之以恒的原则，确保制度的长期有效性与稳定性。这意味着我们不能因时而异、松紧不一地对待各项制度，而是要始终保持一致的严格标准。通过定期的检查与总结，我们不仅要发现并纠正偏离制度的行为，更要弘扬正气，剔除不良风气，以此维护制度的权威性和约束力，确保其在实践中的有效性和持续性。

（2）规章制度的贯彻执行应当建立在民主的基础之上。这些制度虽具有强制性，但其根本出发点是服务于训练目标的实现和集体意志的体现。因此，在制度面前，每个人都应享有平等的权利与义务，任何违背制度的行为都应受到制度

的约束和舆论的谴责。制度不仅是行为的准则,更是个人自我反思与提升的镜子。通过民主的方式开展批评与自我批评,不仅能更好地理解和执行制度,还能在队伍内部建立起一种基于平等、尊重与监督的和谐氛围。这样的氛围将促进友爱和善的人际关系的形成,使正气得以弘扬,并持续推动队伍的整体进步与发展。

五、初级训练计划的制订

初级训练计划是指为了初学者能够尽快掌握该项运动而制订的方案。对初学者而言,除了个人已有的地形学知识和体能存在着差异,其他有关定向越野方面的知识,技术和战术都是一样的空白。初学者在制订训练计划时对相关因素要考虑周全,用时多少要分配适当,突出重点。

(一)了解定向越野

(1)通过观看录像片,了解定向越野比赛的全过程,了解参赛者在比赛的起点、途中、终点、都该做哪些事,这些事就是以后学习中该掌握的东西。

(2)阅读有关的定向越野书籍,了解它的起源、发展,变化、现状,国内外赛事的名称,相关的地形学基础知识,定向越野专用的器材名称。

(二)识图训练

识图训练(见图8-1)步骤如下。

图8-1　识图训练

(1)明白看一张地图时所表示的方向。图的四个方向分别代表上北、下南、左西、右东,了解各种图例所表示的地物名称。

(2)了解比例尺、等高距和等高线,通过它们能够判读出一张定向图所表示实地的面积大小、地貌起伏状况、爬高量。

(3)熟记 IOF 规定的检查点说明符号。

(4)在定向地图上能够进行越野路线的选择和描述。

(三)用图训练

(1)了解指北针的使用功能。

(2)利用指北针进行,按方位角行进。

(3)运动中站立点和目标点的确定。

(4)堆沙盘。

(四)体能训练

体能训练不是单独进行的,而是同用图练习同时进行,这里仅用于方法的介绍,真正的练习要靠学习者其他时间完成,贵在坚持不懈。

(1)在田径场上练习,参照中长跑练习的方法和手段,以提高心肺功能为主。

(2)要有针对性地进行灵敏性和柔韧性的练习。

(3)到野外各种地形上进行越野跑。

(4)超长时间的跑步练习,不考虑速度,不要走就行,时间要达到 2 h 以上。

(五)技能训练

(1)看懂定向越野专用图。

(2)熟记检查点说明符号。

(3)明白地图符号含义。

(4)学会图地对照。

第二节 定向越野比赛组织

一、筹备阶段

根据比赛的性质初步确定比赛的时间、地点、规模及经费来源。成立筹备小组,至少应该由下列人员组成:筹备组长、技术委员、地图委员、裁判委员和会务委员。

二、赛前准备

以下是各筹备组职责的详细阐述,以确保活动的高效组织与顺利进行。

(1)筹备组长:①全面指导与监督。作为整个筹备工作的核心,筹备组长需把握全局,对各项工作的进展和质量进行全面指导和监督;②工作检查与质量评估:定期检查各委员的工作完成情况,评估工作质量,确保所有环节均达到预定标准;③协调与协助:协调各委员之间的工作,解决可能出现的问题和冲突,并在必要时直接参与或协助各委员的工作,以确保计划的顺利执行;④计划落实保障:通过有效的管理和监督,确保所有筹备工作按计划有序进行,最终保障活动的成功举办。

(2)技术委员:①组织比赛规程制定。根据活动性质和目的,制定详细、公正的比赛规程,明确比赛规则、评分标准等关键要素;②路线设计与勘察:负责比赛路线的初步设计和实地勘察,确保路线安全、合理、具有挑战性;③检查点说明表制作:设计并印刷清晰、准确的检查点说明表,为参赛者提供必要的导航信息。

(3)地图委员:①组织地图设计与制作。组织专业团队进行地图的设计、测量、绘图和印刷工作,确保地图的准确性、易读性和实用性。②技术保障:利用现代测绘技术和工具,提高地图制作的质量和效率,为比赛提供强有力的技术支持。

(4)裁判委员:①组织地形、地图、路线质量检查。协助或代表筹备组长对比赛所需的地形、地图、路线进行质量检查,确保比赛环境的公平性和安全性;②保密工作监督:监督比赛相关信息的保密工作,防止提前泄露,维护比赛的公正性;③比赛准备与编排:设计比赛所需的检查卡片、成绩统计表、成绩公布栏等,进行比赛的编排、抽签工作,确保比赛流程的顺畅进行;④物资准备:准备比赛所需的号码布、点标、起终点设备等物资,确保比赛现场的有序和高效。

(5)会务委员:①组织财务管理:掌管活动的经费收支,确保资金使用的合理性和透明性。②报名与登记:编制报名登记表格,处理参赛者的报名信息,确保信息的准确性和完整性。③活动日程安排:编制详细的活动日程表,明确各项活动的时间、地点和负责人,确保活动的有序进行。④材料准备与分发:准备并发出比赛通知、邀请、规程等材料,确保所有相关人员都能及时获取必要的信息。⑤后勤保障:联系并安排交通与食宿等后勤工作,为参赛者和工作人员提供便利和舒适的环境。

三、赛中工作

在比赛阶段,由于工作重心已经转移,组织工作也应有相应的变动。通常是以筹备小组的各成员为主,组成下列机构:比赛领导小组、裁判组、记录公告组、后勤保障组。

第三节 定向越野比赛准备

一、比赛场地

场地的选择与确定,应满足以下要求。

(1)比赛区域的环境应适应定向越野的特殊需要。通常情况下,合格的定向越野比赛地域周围环境具有以下特点:一方面比赛地域要有一定起伏的森林地势和适度的植被;另一方面选择地形变化多样、地域的通视性有限,而且人烟相对稀少的地区。当然,在组织一般的定向越野活动中,城市、公园、校园也是可供选择的地点。如果受条件限制,在组织一些趣味的小型定向比赛,比赛区域难以频繁变换时,可采取变换线路、检查点等方法。

(2)场地选择与确定要与比赛的等级及其难度相适应,并保证它能够使运动员充分发挥定向越野技能。

(3)场地的选择与确定应确保比赛的公平性。一般而言,正规的定向比赛区域必须是所有选手都不熟悉或不太熟悉的,至少应防止赛区当地的选手在比赛中获得明显的好处。因此,一般不宜在同一区域里连续多次举行比赛。比赛区域的选择与确定在赛前必须严格保密。

二、路线的种类

路线设计是组织定向越野比赛的重要环节之一,路线设计的好坏直接影响到比赛目标实现和任务的完成,定向运动路线的种类有以下几种。

(一)平行式路线

图8-2是平行式路线示意图,根据出发点与终点的位置关系不同,又可分为"一线平行式"与"闭合平行式"两种。

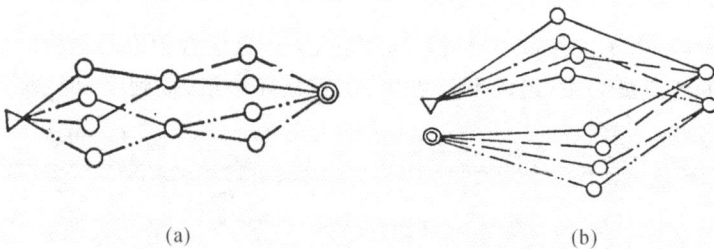

(a)   (b)

图8-2 平行式路线示意图
(a)一线平行式; (b)闭合平行式

这种运动路线的特点是：

(1)各路线不共点,这样可以减少运动员之间的相互干扰。

(2)相同序号的检查点可设置在较小的范围内,以减少场地设置的工作量。

需要说明的是,在"平行式路线"设计时并不一定非要平行,原则是不共点即可。

(二)交叉式路线

图8-3是交叉式路线示意图,与平行式路线一样,它也可以分"一线交叉式"与"闭合交叉式"两种。

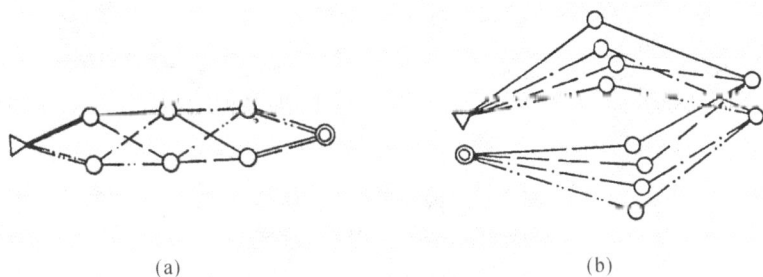

(a)　　　　　　　　　　　　　(b)

图8-3　交叉式路线示意图

(a)一线交叉式；　(b)闭合交叉式

这种路线的特点是减少使用器材和场地设置人员的工作量,而且还具有"平行式"路线的效果。

(三)一线式路线

一线式路线示意图也分"一般一线式"与"闭合一线式"两种(见图8-4)。

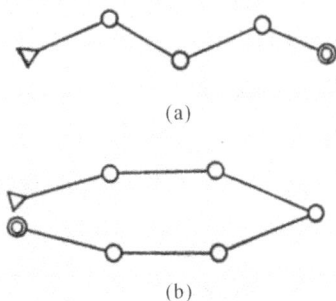

(a)

(b)

图8-3　一线式路线示意图

(a)一般一线式；　(b)闭合一线式

这种路线多用于检验训练效果、选拔优秀运动员。因为每组只设一条路线，所以便于从准确与速度两个方面来评价各组运动员的训练效果或比赛成绩。

(四)混合式路线

混合式路线示意图(见图8-5),它同样也分"一线混合式"与"闭合混合式"两种,实际上这是"平行式"与"交叉式"两种类型路线的混合使用。无论是训练,还是比赛均被广泛采用。

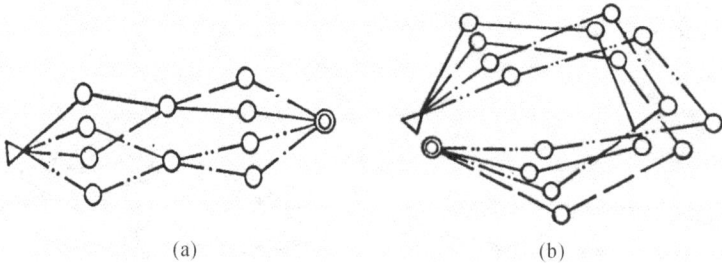

图8-5 混合式路线示意图
(a)一线混合式; (b)闭合混合式

三、起点与终点的布局

起点与终点放置在同一处,则应在该处放置运动员休息区、检录区、出发区、观摩区、终点区等。若起点与终点不在一处,则应在起点区布置运动员休息区、检录区、观摩区、出发区,在终点布置运动员休息区、观摩区及终点区。如图8-6、图8-7所示。

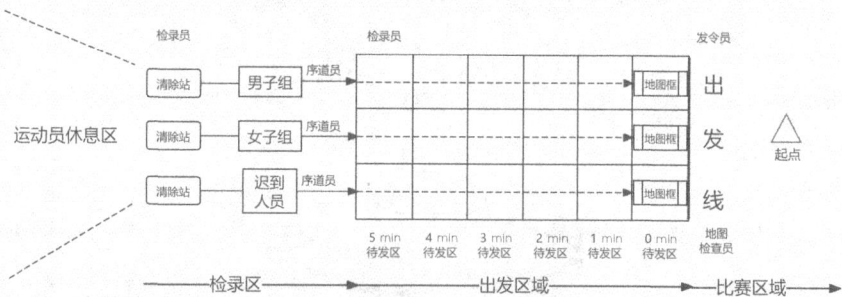

图8-6 起点地域场地布置

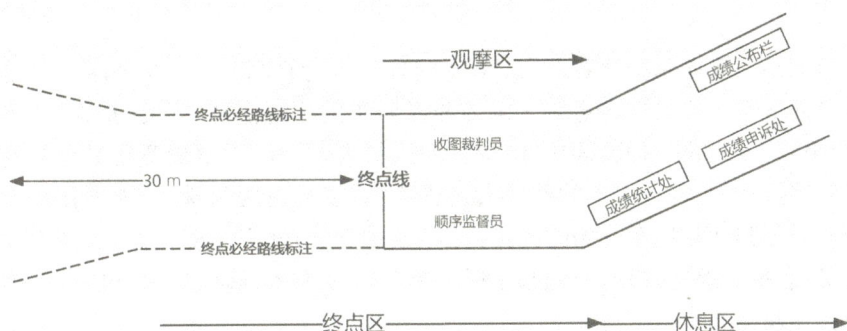

图 8-7　终点地域场地布置

四、比赛注意事项

(1)所有参赛者必须每人一张地图。这种比赛最好用公园或大学校园标准定向图。选手到达终点时,一定先将地图送回。因为还未出发的选手不能在出发前看到图和路线。地图外应有塑料包装以防雨。

(2)每个选手都应有一份点标说明。点标说明应印或画在每张地图上,组织者在印或画路线之前,应对点标做实地检查。

(3)点标监督员应驱散无关人员,避免点标旗或打卡器被偷移。不得擅自离开,直到比赛结束。

(4)出发时间必须准确,出发计时是从起点打卡开始的。出发顺序最好在赛前排好,运动员出发要有时间间隔以避免相互跟跑。

(5)地图一般应在运动员出发前 1 min 或出发同时发出,必须对所有参赛者一样。

第四节　参加定向越野比赛

参加定向越野比赛是对定向运动技能掌握情况的检验,也是参与定向越野、体验定向越野乐趣的重要途径。下面按照定向越野比赛的程序,介绍如何参加定向越野比赛。

一、注册与报名

(1)全国性比赛,运动员必须到指定部门进行注册登记,组织者对其进行资格审查,并发给参赛证。参赛证应有运动员姓名、出生年月、照片、身份证号码以及当年的竞赛组别。

参加小型定向越野比赛时,运动员应首先进行报名。组织者通常会提前2个月对外发布正式的比赛通知。向参赛者公布的比赛信息主要包括:①比赛的名称、项目、分组;②时间;③比赛目的(是选拔赛、公开赛、邀请赛还是锦标赛);④地形特点;⑤比赛各组别的路线大概长度、难度或总爬高量;⑥地图比例尺等高距;⑦报到时间、比赛开始时间;⑧比赛编排方法;⑨报名资格、报名费以及支付方式;⑩报名地址、报名登记起止时间,限额,联系人地址、姓名、电话;此次比赛的竞赛规程。

(2)工作人员将用什么方法编排出发顺序?怎样选择组别?能否选择合适的比赛组别直接关系到参赛者是否有获胜的希望,因此必须通过对自己、对竞争者、对地形、对路线等多方面的综合分析,在比赛规定允许的范围内选择有利条件最多的组别。组织工作者在设计比赛分组时,常常依据定向与奔跑在比赛中的比重确定分组,基本原则是:①初学组。无明确侧重,定向与奔跑的难度都不大;②高龄组。需要较高的识图用图、寻找点标的能力,但地形易于奔跑;③青壮年组和高级组在不同路段有不同的侧重,但定向与奔跑的难度都较大。比赛组别见表8-1。

表 8-1　比赛组别

组　别	距离/km	检查点的数量/个	难度
初学者或体验者	1.5～2.5	3～5	容易
女 14～16 岁 男 14 岁以下	3.5～4.5	4～7	容易或一般
女 17～19 岁和 35 岁以上 男 15～16 岁和 50 岁以上	3.5～4.5	4～7	较难
女 20 岁以上 男 17～19 岁和 40～50 岁	6.5～8	7～10	一般或较难
男 21 岁以上	8～12	9～12	最难

二、做好参赛准备工作

报名结束后,运动员将得到一些更为详细的资料,这时即可开始比赛的准备工作。准备工作主要包括以下几个方面。

(1)认真学习有关本次比赛的规程、规则和要求。

(2)根据自己的目标和能力加强定向越野的各项技能和体能的训练。

(3)按规程要求,做好在定向越野比赛中运动员允许携带的指北针、地图、笔以及竞赛配套的检查点说明、检查卡和号码布等准备。

(4)认真做好临赛前的热身活动,避免运动中伤害事故的发生。

三、比赛的程序

报到处 —出发区 — 标图区—进行比赛 — 终点处 —重返会场。

(一)报到处

运动员在比赛前被带到比赛区的报到处,办理登记手续,领取出赛号码布和计时卡。在会场内可查阅参赛者的出发时间或有关该次比赛的资料。

(二)出发区

在去出发区之前,需要做的事情主要有:

(1)撕(剪)下检查卡副卡,交给工作人员;

(2)如果比赛另有补充规定或通知,应尽快阅读、记熟,并予以正确地理解;

(3)将比赛中不用的物品(如行李等)放置于规定的地点;

(4)按规定方法佩戴号码布或其他标志;

(5)开始做热身、准备活动。当距离您的出发时间还剩 10～15 min 时,即可以在工作人员（或标志）的指引下前往出发区。到达出发区之后,一般应停止一切活动,静静地等待检录员的呼叫,以便能够按时出发。

注意:在出发区,最重要的是切勿错过或抢超出发时间。同时不要进错通道、拿错地图。

(三)标图区

如果比赛图上没有标示比赛路线,就需要参赛者自己到标图区依基本图转绘。标图区一般设在出发线前方 30～100 m 的地点(标图区符号与出发区符号相同,为边长 7 mm 的"△"符号),在您离开"待发"格之后,只要沿着标志即可找到它。

转绘比赛路线时抓紧时间是必要的,但要细心和谨慎,防止绘错检查点的位置。要注意爱护基本图,转绘完毕后应将借用的尺子、红圆珠笔等留在原处,以便后来的运动员使用。

(四)比赛中

离开出发线之后您应进入赛跑的状态,因为比赛的成绩是从这一时间开始计算的。不过,只把定向越野比赛当作一般的赛跑是不行的,正像有人称它为"思考的运动""狡黠的赛跑"那样,在比赛的过程中将有许许多多的问题在等待着您。经常出现的问题是：①您准备采取何种按图行进方法前往检查点？②何种地形会对您的运动有帮助？③何种地形会影响您行进？对于这些问题，相信您可以从本书的第三章中找到答案。

(五)终点

在离开最后一个检查点向终点前进的时候，意味着胜利在望，但还不能松劲，因为在这时竞争对手们还将在意志、体力、技能等方面做最后的较量。要再坚持一下。过不久，您将看到那醒目的终点横幅，并听到观众为您加油的欢呼声。在越过终线之后，您需要做的第一件事就是迅速将检查卡片交给收卡员，而后以放松性的慢跑沿通道离开终点工作区，到指定地点休息或换衣、洗澡。如果您对比赛的组织工作和其他运动员有意见，或需要对自己的失误进行申辩，应该在离开终点工作区前到申诉处向工作人员说明。

在终点工作区的外侧，通常设有成绩公布栏，在您将检查卡片交给收卡员之后，只要您的成绩是有效的，工作人员会在不长时间内将您的成绩公布出来。成绩一公布，您就可以自行离开比赛会场返回了。如果比赛后还有颁奖仪式，那么无论受奖人中是否有您，您都应该留下来看看。颁奖仪式是一次比赛最有意义、最激动人心的时刻，可以肯定，它将给您留下终生难忘的美好印象。

(六)重返会场

参赛者可从布告板上查阅比赛成绩及在稍后时间取回比赛图留念。如有投诉须待成绩公布后 5 min 内提出，颁奖后，可各自离场。

思考与练习八

(1)定向越野队伍的规章制度有哪些？简述应如何执行。

(2)如果你是主办方，如何组织一场比赛，准备工作怎么进行？

(3)简述定向越野赛事活动的流程。

第九章　定向越野竞赛准备

定向越野竞赛准备包括定向越野比赛器材的准备、比赛流程的安排、竞赛规则的运用以及对于比赛前的规划与筹备。本章将详细介绍此方面的内容。

第一节　比赛器材

定向越野的赛级、赛项不同，其所需物质条件也不一样，但地图、指北针、检查点点标、点签、检查点、号码布、起点、终点设备，这些都是任何赛级、赛项不可缺少的必备物质条件，地图、指北针在前面已做详细的介绍，本节我们主要介绍其他几种物品的准备工作，如图9-1所示。

图9-1　定向越野的器材设备

1—号码布；　2—指北针；　3—检查卡片点标；　4—地图；　5—点签；　6—检查点

一、检查点点标

检查点要在地图上准确地表示出来。检查点用于检验运动员是否按规定跑完全程,为此应设置专门的标志。

检查点标志是由三面标志旗连接组成。每面正方形小旗,沿对角线分开,左上为白色、右下为红色,旗的尺寸为 30 cm×30 cm,可以用硬纸壳、胶合板、金属板、布等材料制作。标志旗通常要编上代号(国际上过去曾使用数字做代号,现已规定使用英文字母),以便于选手在比赛时根据旗上的代号来判断其是否找到了正确的检查点。标志旗如图 9-2 所示。

图 9-2　标志旗

悬挂标志旗的方法有两种:有桩式和无桩式。悬挂高度一般从标志旗上端计算,距地面 80~120 cm,如图 9-3 所示。

(a)　　　　　　　　　　　　　(b)

图 9-3　点标旗悬挂方式

(a)有桩式；　(b)无桩式

二、打卡器

打卡器是与检查点配合而起作用的,它提供给运动员一个到达位置的凭据。打卡器(检查签)的样式很多,最常见的是印章式和钳式两种,钳式打卡器如图9-4所示。

图9-4 钳式打卡器
1—钢针; 2—橡胶垫; 3—钳体

检查点印章上雕刻不同的图案或代码,最好选用能自动上印油的印章,否则在比赛时应另备印泥。检查钳是用弹性材料制成,顶端装有钢针,钢针的不同排列,使检查钳可以印出不同的图案印痕。但随着科技的进步,国外的定向越野活动已很少使用老式的打卡器材,取而代之的是便捷的电子打卡系统打卡,它不仅能证实运动员正确通过检查点,而且还能同时记录通过检查点的各段时间。

三、检查卡片

检查卡片主要用于判定运动员的成绩。用厚纸片制成,分为主卡和副卡两部分。主卡由运动员在比赛中携带,并按顺序将每个检查点的点签图案印在空格中,到达终点时交裁判人员验证。副卡在出发前交工作人员留底和公布成绩时使用。检查卡片的尺寸一般为21 cm×10 cm。若规定比赛完毕必须交回地图,可以将检查卡片的内容直接印在地图空白处,样式可自行确定。

但在当今的比赛中随着高科技的应用,参加者过去携带的纸片也变成了精巧可戴在手指上的非接触式检查卡片,找到点后在打卡器上轻轻一放收到提示后即可离开,回到终点打卡微型打印机即时打出个人成绩条,同时,管理软件自动排出名次。

四、号码布

号码布一般不超过24 cm×20 cm,号码数字的高不小于12 cm,字迹要清晰,字体要端止。正规的比赛还要求将号码布佩戴于前胸及后背两处。

五、始点和终点设备

定向越野比赛的起点与终点最好设置在同一处,这样能方便比赛的组织工作。起点与终点通常设在地势平坦且面积足够大(与比赛规模相适应)的开阔地上。对于作为终点通道的地段就更要平坦和有足够的长度,这样才能让裁判人员与观众看清楚跑回来的选手。

六、现代比赛中的电子打卡系统

电子打卡系统(电子打卡器)是一种先进的点签。它由运动员手持电子卡、检查点上的电子卡座和终点的电脑检查系统、打印机组成。

(一)电子打卡系统的特点

(1)使用方便快捷。手持电子卡是个小巧的塑料小牌子,可以方便地系在手指上,使用时只要对准检查点卡座的正方向一按就完成打卡,不像常规打卡一样要用双手,还常担心打错位置;

(2)检卡快速准确。由于使用计算机检卡,还能将各点之间的用时情况和总耗时很快显示出来,无需终点专门计时员;

(3)能及时将结果打印出来。运动员一到终点便可得到自己各点耗时结果的打印纸条,便于运动员回顾总结各点情况;

(4)电子打卡由于是塑料和高科技的产物,所以不用担心雨水或露水以及树丛等导致卡片的损坏。

(二)使用电子打卡系统的优点

对于教学、训练而言:

(1)便于教练、运动员掌握整个找点过程;

(2)自动统计时间;

(3)自动排名;

(4)易于赛后分析;

(5)大大提高训练、上课的乐趣。

对于比赛而言:

(1)计算机随机产生出发顺序,保证公平性;

(2)自动计时;

(3)随时输出动态成绩;

(4)便于组织大规模的活动,如全国锦标赛。

(三)使用方法及注意事项

定向越野时,电子指卡(见图9-5)通常由每队的队长将其佩戴于右手中指或食指上,扣紧橡筋带,以不脱落为佳。当在实际地形中找到地图上所标的点标时,一般会首先找到橘红色三角旗(这是定向点标的位置标志),三角旗下挂着一个电子打卡器,将佩戴于手指上的电子指卡插入电子打卡器,电子打卡器在发出"哔哔"声响的同时,表面上的发光二极管闪烁,这表明您的此次到访和到访时间已被电子打卡器记录于电子指卡内,成绩有效,这时,您就可以继续寻找下一个点标。

使用过程中请注意不要将电子指卡从手指上取下来,更是严禁抛递电子打卡器(见图9-6)。在实际地形中,点标所设的位置往往多树木花草,如果丢/扔电子指卡,非常容易脱手,而脱手后要在复杂的地形中找到电子指卡也是非常困难的。热敏打印机如图9-7所示 。

图9-5　电子指卡　　　图9-6　电子打卡器　　　图9-7　热敏打印机

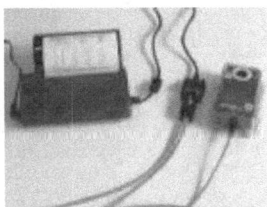

第二节　个人装备

在定向越野运动中,个人所需的装备除我们前面所提到的必备的地图和指北针外,还包括衣裤、鞋、手表等物品。

1. 衣裤

服装要选用透气、速干面料,可以快速将身体排出的汗液吸收,同时又要紧身而又不影响呼吸与运动。为防止树枝刮伤和害虫侵袭,最好穿用面料结实的长袖衣和长裤。

2. 鞋

应该轻便、柔软而又结实,远足经验较浅的,可穿旅行靴,保护脚腕。有经验的运动员可穿上比赛用的运动鞋。为便于上下陡坡、踩光滑的树叶或走泥泞地,鞋底的花纹最好是高凸深凹的。

3. 护腿

采用弹性面料及泡沫材料制成,使在定向比赛奔跑过程中,小腿不被树枝等碰伤并保护腿不被蛇、虫咬伤。

4. 手表

在参加夺分比赛中,手表是必不可少的器材。

第三节　比 赛 流 程

一、起点

1. 裁判员

(1)起点裁判长(1人):主持起点工作;

(2)发令员(1人):发出各批次运动员、控制比赛节奏;

(3)检录员(1人):点名、统计人数;

(4)序道员(1人):检查运动员对应的通道,核实发出的精确人数。

2. 准备工作

(1)每场比赛的前一天校对地图,确保地图与运动员一一对应(个人赛、接力赛);

(2)备齐临场所需器材;

(3)领队会议上宣布起点的示意图;

(4)宣布各场比赛的有效时间及关门时间;

(5)公告比赛的相关通知(突发事件)。

3. 场地布置及要求

(1)起点横幅(醒目之处);

(2)通道及道次牌(多种材料,清楚);

(3)地图与图箱(准确、方便运动员快速取图);

(4)发令器与秒表(准确、声音响亮);

(5)检录区、集合区、观摩区(合理);

(6)广告牌(看得见,不妨碍比赛);

(7)厕所;

(8)批次公告栏。

4. 临场执裁

(1)检录员根据大会要求提前按批次检录(参赛证、号码布);

(2)序道员将运动员领到相应通道检查指卡;

(3)发令员检查各通道的地图与运动员的对应;

(4)迟到者处理方法;

(5)起终点相近时,控制好已赛运动员和未赛运动员的接触。

第一批运动员出发时间,必须在起点裁判长与场地裁判长和总裁判长协调后决定(开表与发令器)。

二、场地

1.裁判员人数分工

(1)场地裁判长 1 人；

(2)场地副裁判长若干人；

(3)场地裁判员若干人。

场地裁判长及副裁判长要熟悉比赛区域的每寸土地,对每个检查点了如指掌,在比赛区域内的任何地点都能在最短时间内到达将要去的检查点。守点员必须牢记自己负责的检查点的点位。

2.场地裁判员的准备工作

(1)提前到达赛场,全面了解赛场的地物、地貌。掌握道路、河流、植被、危险区域和禁止通行区域的状况；

(2)按检查点的分布、划分区域、明确分工、指导各守点员的工作；

(3)有危险区域要准备警示牌；

(4)领队会上介绍场地通行状况、存在的安全隐患,对参赛者的着装提出建议；

(5)带领守点员到各自的检查点位置,并做出点位的明确标志；

(6)备齐临场所需器材。

3.场地布置及要求

(1)根据布置完成全部检查点的耗时,决定提前出发的时间(从住地到赛场)；

(2)打卡系统的配备(电子、卡钳)；

(3)守点员将点标放在指定位置,打卡器摆放稳定；守点员自己离开检查点位,隐蔽起来,但能观察到检查点情况；

(4)点标挂的高度 80~120 cm,最好在运动员来的方向看不见。

4.临场执裁

(1)各场地副裁判长检查自己所负责的检查点,明确到位后,向场地裁判长汇报,场地裁判长对总裁判长和起点裁判长汇报,以确定比赛能否准时开始；

(2)各守点员不可为运动员作正确或错误的导向,当发现自己所看的打卡器失灵,要在随身携带的记录本上作记录,记下运动员的号码布及到达时间,并向裁判长汇报；

(3)开赛后,场地裁判长及副裁判长必须在赛区内巡回检点,遇犯规行为立即作出裁决,可疑行为向总裁汇报,核实后再作裁决,记录时间和情况；

(4)危险区域的警示牌摆放到位；

(5)处理突发事件。

三、终点

1.裁判员人数及分工

(1)终点裁判长 1 人:主持终点工作;

(2)预告员 1 人:报告返回运动员的号码;

(3)收图员 1 人:比赛后回收运动员用图;

(4)成绩裁判长 1 人:指卡、号码布的发放、回收,成绩处理。

2.裁判员的准备工作

(1)备齐临场所需器材;

(2)根据报名表,赛前将运动员相关数据录入电脑;

(3)报到时发放指卡、号码布,结束时收回;

(4)检查打卡系统的工作状况;

(5)协同起点,模拟打卡流程(熟悉、检查);

(6)领队会议上交代打卡注意事项(终点与主站的距离)。

3.场地布置及要求

(1)终点横幅(冲向终点的运动员可看见);

(2)喇叭状通道;

(3)收图箱(做好组别标志);

(4)最后一检查点与终点的有标志的通道绳连接;

(5)赛后休息区,观摩区;

(6)广告牌;

(7)医疗处;

(8)起终点在一起时,协同工作;

(9)成绩公告栏。

4.临场执裁

(1)预告员在接力赛时,通过对讲机或话筒报出运动员号码;

(2)收图员安放好图箱,引导运动员放图,告知打印处位置(预告员可兼);

(3)成绩裁判员迅速打印成绩,及时张贴公告,并记录到达人数。最终与起点统计的出发人数核对,确保比赛后场地不留人;

(4)每场比赛后,汇总成绩,取出名次,交总裁签字公布。

四、接力赛

1. 出发形式有两种

(1)分批次等时间隔出发(类似个人赛);

(2)所有第一棒运动员一起出发(类似 4×400 m 接力赛)。

2. 运动员注意事项

(1)出发前(在住地)备齐指卡、号码布、参赛证、指北针;

(2)准时检录,打清除卡,去除身上与比赛无关物品;

(3)打起点卡,取图,比赛;

(4)在寻检查点中,对打卡器有疑问或遇打卡器失灵,找守点裁判,要求记录到达时间,号码布;

(5)打完终点卡,交地图,去打印成绩(这段时间不计在比赛时间内,可缓一缓,稍作调整),打完成绩,可索取成绩条;

(6)比赛完回到大会指定区域休息,不得与未赛运动员交流。

第四节　定向运动竞赛规则

一、总则

第一条　定向运动定义

定向运动是运动员借助地形图和指北针按规定的顺序(积分赛除外)完成寻找若干个标志在地面上的地面检查点并以最短时间完成全赛程的运动。

第二条　竞赛类型

1. 空间定向竞赛。首批运动员应在日出后 1h 出发;最后一批运动员最迟应在日落前预计完成全赛程时间的 1.5 倍时刻出发。

2. 夜间定向竞赛。首批运动员应在日落后 1h 出发;最后一批运动员最迟应在日出前预计完成全赛程时间的 2 倍时刻出发。

3. 日夜交替定向竞赛。交替赛有下列几种组合形式:

3.1 竞赛设两条路线,一条在白天进行竞赛,一条在夜间进行竞赛。

3.2 竞赛是夜间出发,完成竞赛时已是白天,二是竞赛是白天出发,完成竞赛已是夜间。

第三条　竞赛项目

定向运动主要项目有:定向越野、滑雪定向、自行车定向和轮椅定向。

第四条　竞赛形式

1.个人赛:运动员单个竞赛,成绩取决于个人技能。

2.团体赛:运动员单个竞赛。运动队成绩为全队运动员个人成绩(时间、名次或得分)的总和,同时也可以计个人成绩。

3.多日竞赛:在多日竞赛中,运动员的个人成绩是每日竞赛成绩(时间、名次或得分)的总和。

4.接力赛:接力队须有 2 名或 2 名以上运动员,每名运动员像个人赛一样跑完一个赛程。

5.小组赛:每组有 2 名或 2 名以上运动员,同组运动员须同时出发完成竞赛。

第五条 竞赛分组

1.根据性别与年龄分组,女子组代号为 W,男子组代号为 M。

1.1 组别:按年龄段分组(见表 9-1)。

表 9-1 按年龄段分组

男子组	女子组
儿童组:8~11 岁	儿童组:8~11 岁
少年组:12~15 岁	少年组:12~15 岁
青年组:16~18 岁	青年组:16~18 岁
成年组:19~40 岁	成年组:19~35 岁
中年组:40~55 岁	中年组:36~50 岁
老年组:56 岁以上(含 56 岁)	老年组:51 岁以上(含 51)

1.2 在全国定向竞赛中,必须使用这些代号。

1.3 运动员在同一场竞赛中,只能参加一个组别的竞赛。

2.根据其他原则分组:

2.1 根据路线的难易程度和运动员的技能,可将同一组别再细分。代号为A(最难)、B(较难)、C(容易)和 D(最易)。例如:M 成—A,M 成—B,W 中—C和 W 老—D。

2.2 同一年龄组别和级别,因参赛人员过多可划分为相同标准的几个小组,进行竞赛,例如 M 成—A1,M 中—A2,M 老—A3,代号为 1、2、3。

3.青年组、中年组的运动员可以选择到成年组参加竞赛,儿童组和老年组只能在本组进行竞赛。

4.精英组竞赛代号为 E,不受年龄限制,但参赛的条件和人员由中国定向协会确认。

第六条 竞赛资格

1.所有参加全国定向竞赛的运动员,必须到中国定向协会进行注册登记。

2.所有注册运动员经中国定向协会审查合格发给参赛证。运动员持参赛证参加全国定向竞赛。

3.注册登记应是每年一次,参赛证应有运动员姓名、出生年月、相片、身份证及当年的竞赛组别。

4.如要参加定向运动精英组的竞赛,协会应在参赛证上注明。

第七条 组织者的职责

1.必须根据规则、规程获取当地政府部门国土部门、林业部门和自然保护部门的许可。

2.组织者应与竞赛区域内的各个职能部门协调关系,取得他们的支持和认可,以保证竞赛能顺利进行。

第八条 竞赛组织委员会

竞赛组织委员会(简称组委会)是竞赛的承办者。由主办单位会同有关单位协商组成。

1.竞赛组委会负责竞赛的组织领导工作。组委会应根据竞赛规则,保证竞赛的公正。

2.竞赛组委会应根据有关规则、规定制定本次赛事的竞赛规程。

3.竞赛组委会,最迟应在竞赛前2个月发出竞赛邀请书。

4.竞赛邀请书应包括下列内容:

4.1 竞赛名称、日期、形式和项目。

4.2 竞赛的主办单位及竞赛组织委员会成员。

4.3 竞赛组别、接力赛不同赛段允许的组别。

4.4 各年龄组的竞赛距离,接力赛各赛段的距离(准确到公里)。

4.5 地图比例尺等高距。

4.6 参赛队的组成。

4.7 报名地址和截止日期。

4.8 报名费和其他费用的支付方式。

4.9 此次竞赛的规程。

5.组委会:由主任、副主任及委员若干人组成。组委会下设技术组、裁判委员会、秘书组、后勤组,并任命总裁判一人。

6.组委会负责与当地政府及竞赛场地主管部门联系并协助主办单位筹措竞赛经费。

7.技术组负责选择竞赛场地,路线设计、地图准备、安全保证等。

8.裁判委员会负责竞赛实施和确定竞赛成绩和监督竞赛参加者遵守竞赛规则和规程。

9.秘书组负责有关竞赛的文书工作,宣传工作,接待工作,组织参观,开幕、发奖仪式程序安排等。

10.后勤组,负责竞赛的物质保障及临时设施的设置,交通运输等。

11.组织竞赛的工作人员均应佩戴明显的标志。

二、技术规则

第九条 电子打卡计时系统

1.在全国定向竞赛和大型正式定向竞赛,必须使用电子打卡计时系统。

2.电子打卡系统由指卡、打卡器和终端打印系统组成。

2.1 指卡是电子检查卡片,编号是统一的,能贮存打卡器与打卡器之间的时间,也能贮存开始时间和结束时间。

2.2 打卡器中包括起动器、终止器、清除器、核查器、成绩打印读卡器,能贮存运动员到达的时间。当指卡插入到打卡器中,打卡器自动将指卡号和到达时间输入到指卡中。

2.3 终端打印系统可打印出各种所需成绩。

2.4 所有电子打卡器的信息一旦被存贮(时间约 30s),电子打卡器便鸣响并有红灯闪烁(两者其中之一即可),打卡便完成。

2.5 打清除器(这一卡座打卡时间须在 3s 以上)清除指卡中的原有信息;打核查器确认原指卡信息是否已清除;打启动器出发时计时开始,然后按点标顺序打打卡器至打终止器(计时结束);然后打成绩打印读卡器打印出本人整个赛程的成绩;最后打红色打卡器将指卡全部信息读入电脑进行成绩统计。

第十条 竞赛区域

1.竞赛区域应选择在地形比较复杂、植被较多的地区,应能为设计难度高的竞赛路线提供可能性。

2.竞赛区域应适合定向运动的竞赛路线。

3.竞赛区域不应具有使本地运动员获益的自然特点。

4.竞赛区域一旦确定应设有禁区。除组织者外,任何人不得以任何理由进入竞赛区域。

5.如需通过竞赛区域,必须经组委会批准,如擅自进入赛区,应取消其竞赛资格。

6.举办过定向运动竞赛的场地,在三年内不得再用于全国性竞赛以及大型的竞赛。

第十一条 竞赛地图

1.竞赛地图的绘制应以国际定联颁布的《国际定向运动地图制图规范》为依据。

2.地图比例尺为1：5 000,1：10 000 或 1：15 000,等高距为 5 m。

3.竞赛地图应是现实性强的。必须绘制出专业的定向竞赛地图,绘制的时间应是竞赛日期的前一年,这样,绘制地图季节是一致的,植被、河流均是相同的。如绘制完后,现有地形变化较大足以影响竞赛,应在图上加印新的内容或赛前在联席会上说明。

4.竞赛地图所绘制面积大小,应保证竞赛路线的需要。

5.竞赛前不准出售、分发和展示竞赛地图。

第十二条 竞赛路线

1.竞赛路线应充分体现公平、公正竞赛和定向运动的性质。竞赛路线应能同时考验运动员定向和奔跑的能力。

2.竞赛路线应避开苗圃、播种地、有农作物的田地、铁道、汽车道内和标有"不准入内"的区域。

3.竞赛路线应是对参赛运动员的定向技术、智力能力和越野跑的能力的综合检验。

4.如有可能,竞赛路线中,男、女各组别使用各自的检查点。

5.竞赛路线的起点和终点可以设在同一地点,也可分设在不同地点。

6.竞赛路线的检查点间距离以 500～1 000 m 为宜,或根据竞赛区域的实地情况安排检查点间的距离。

第十三条 竞赛距离与爬高量

1.确定竞赛距离时,除要考虑组别的因素外,还应考虑到竞赛地区的复杂程度、季节、竞赛开始时间和其他对竞赛可能产生影响的因素。

2.竞赛距离,以运动员能选取的最短路线为准,不顾及高差的影响。

3.在确定竞赛距离时,预计完成全赛程的时间,作为主要考虑因素,而赛程的距离作为辅助考虑因素。

4.各年龄组的竞赛距离和预计完成全赛程的时间见表 9-2。

表 9-2　各年龄组的竞赛距离和预计完成全赛程的时间

组别	最大距离/km		完成时间/min	
	男	女	男	女
儿童组	3	3	35	30
少年组	6	4	55	45

续表

组别	最大距离/km		完成时间/min	
青年组	12	8	75	65
成年组	14	10	85	75
中年组	10	7	70	60
老年组	7	5	60	50

5.对于 W青,W成,M青,M成年龄组,可以组织竞赛距离和完成时间最多为表9-2规定2倍的长距离定向越野竞赛。

6.夜间竞赛、接力赛的预计完成时间应减少约20%；多日赛要比预计的完成时间减少20%~40%。同一年龄组若分成许多小组进行竞赛,预计完成竞赛时间应减少10%~15%。

7.路线设计应使最佳路线的总爬高量不超过其总长度的4%。

8.组委会可规定运动员跑完全赛程的时间,竞赛中超过该时间的个人和队不再排列名次。

第十四条 竞赛路线符号

1.起点用等边三角形(边长7 mm),检查点用圆圈(直径5~6 mm),终点用两个同心圆(直径为5 mm和7 mm),一般最后一个检查点至终点为必经路线,必经路线用虚线表示。

2.三角形或圆圈的中心点表示某地物的准确位置,但中心不必绘出。

3.检查点按规定顺序注记编号,编号数字要垂直于南图廓,编号数字应以不压盖图上重要目标为宜。

4.除必经路线外,起点到检查点及检查点之间按编号顺序用直线连接；遇有重要目标又不能避开时,连线应断开或划得更细些。

5.竞赛路线、起点、检查点、终点符号、检查点编号一律用红紫色套印或标绘。

第十五条 检查点说明

1.检查点说明的作用是具体描述检查点的地物、地貌特征。能准确地描述检查点位置,并用符号的形式表示。

2.检查点说明应使用国际定联制定的《检查点说明符号》。

3.检查点说明表可在竞赛时随地图发给运动员,也可提前发给运动员。

4.饮料站应在检查点说明中标明。

第十六条 检查点标志

1.是地图上的检查点在实地的标志(简称点标),检查点标是由三面标志旗连接成的三棱体,每面标志旗的尺寸为 30 cm×30 cm,该正方形的对角线分开,左上部为白色,右下部为橙红色,夜间定向检查点同时应有光源。

2.检查点标志应悬挂在图上标明的地点,一般距地面 80～100 cm,实际位置应与检查点说明表一致。

3.检查点标志应有代号,代号用拼音字母和两位阿拉伯数字,数字从 31 开始选用,字母和数字为黑色,字母高 5～10 cm,笔画粗 5～10 cm。数字容易混乱的不能使用(如 66、68、89、98、99)。

4.检查点标志的设置应使运动员在寻找时具有一定的难度,但无需隐藏。

5.如运动员不能用地图和检查点说明判断检查点的位置,该检查点的放置就不合适。

6.每个检查点应备有电子打卡计时系统,如基层竞赛没有电子打卡计时系统,可用打印器,但是打印器的图案不能重复。

第十七条 检查卡片

1.检查卡片是运动员经过检查点的标志,是运动员完成竞赛的成绩证明。

2.在电子打卡计时系统中,检查卡片又称指卡,是一种电子检查卡片,运动员使用指卡时必须是按顺序触及放置在检查点上的电子打卡器。当指卡插入打卡器中,成绩就会自动记录。

3.运动员不慎打错打卡器,有以下几种情况不影响成绩:

3.1 在寻找过程中,找到非自己路线的检查点,但可以按本组规定的路线和顺序完成竞赛。

3.2 如运动员打卡顺序错误,可以按顺序重新打卡一遍,如按规定顺序为 1、2、3 号,但在竞赛中打成 1、3、2,这时应回到 3 号位重打一遍。

4.运动员回到终点,将指卡送到终点裁判员负责终端打印系统读取竞赛成绩处,在竞赛期间运动员自己保管指卡。

5.电子打卡计时系统须经中国定向协会核准方可使用。

6.如有可能,指卡和打卡器应给运动员练习的机会。

7.在定向竞赛中采用电子打卡计时系统,如有可能应在检查点预留备用的打卡器,以防电子打卡器出现故障。

8.运动员丢失检查卡片,则取消竞赛资格。

9.组织者有权在指定的检查点处由检查员查验运动员的检查卡片。

10.检查卡片最迟应在出发前的 10 min 发给运动员。

11.基层竞赛中采用传统的检查卡片,检查卡片是用耐用的卡片纸制成,大小不得超过 10 cm×21 cm。运动员到检查点处在卡片的空格内打上清楚的标记,若标记打错位置,可在另一格中打上正确标记,到终点处交还须向终点裁判说明。

第十八条 抽签和出发表

1.定向竞赛中,运动员是一个一个地在相等的间隔时出发的。

2.在接力竞赛中,可采用一个一个地在相等的间隔时出发,也可采用同组第一棒的运动员同时出发。

3.出发顺序抽签可以公开或不公开进行,也可以用人工或计算机抽签,但抽签必须是在总裁判的监督下,由编排记录组负责抽签决定各年龄组的出发顺序。采用何种抽签形式由赛事组织者决定。

4.抽签顺序结束应编印出发顺序表,出发顺序表应在组委会召开的裁判长及教练联席会议前公布。

5.所有报名参加竞赛的运动员和运动队都应参加抽签,包括报名而未来参加的竞赛运动员和运动队。

6.在间隔出发时,来自同一运动队的队员不能连续出发。如在抽签中同一运动队的队员连续出发,就应安排下一个出发运动员在他们之间出发。

7.出发间隔时间为 1~2 min,运动员在出发时才能取地图。

8.如几个年龄组都使用同一竞赛路线,则出发时应尽可能地错开,并且较强的年龄组应在较弱的年龄组前出发。

第十九条 出发

1.运动员出发即可进入竞赛区域,竞赛开始,成绩的记录也开始。运动员是分批次出发,每批次的运动员是采用间隔出发,间隔时间 1~2 min,接力同组的第一棒运动员是采用集体出发或分批次出发间隔。

2.出发地点的选择应使运动员在出发前看不到前一名运动员所选择的行进路线。出发点的选择也应使已到达终点的运动员无法与待出发的运动员取得联系,起点处应有明显的起点标志牌或横幅。

3.除有关裁判人员外,任何人不得进入运动员等候区,所有运动员至少应有 30 min 的时间做准备活动。

4.如有条件,运动员的出发时间和名字及出发批次应有显示。

5.如果运动员由于个人原因迟到,且下一批次运动员尚未出发,可在到达起点时立即出发,但计时仍以出发表上的出发时间为准。

6.如果由于组织者的原因,运动员错过出发时间,则应重新定一个出发时间,并通知终点裁判。

第二十条 终点计时及名次排列

1.通向终点的跑道,应用两条绑有彩旗的绳子引导,并向终点线逐渐收拢。

绳长 50～100 m。终点线宽 3 m,并应与终点方向垂直。

2.终点处有比较明显的标牌或横幅显示。必须使运动员在远处就能看见终点线的位置。

3.运动员通过终点线后即表示竞赛结束,不得以任何理由再次进入竞赛区域,一经发现,取消竞赛成绩。

4.在基层竞赛中,运动员到终点时应立即将指卡插入终止器中,表示计时结束,通过读数器打印成绩。

5.依据运动员完成全赛程的时间先后排列名次。如有一名以上的运动员取得相同的成绩,则他们的名次并列,空出下一名次。在成绩单上排在同一位置,但姓名的前后顺序按出发表的顺序排列。

6.团体成绩以竞赛中各队选手成绩相加评定。当各队参赛人员较多时,应事先确定参加统计团体赛成绩的计分队员人数和名单。各组别单项团体成绩,以本队最好的前两名运动员成绩相加评定。

7.接力赛中,竞赛名次取决于各队最后一段运动员到达终点的顺序。

8.如运动员漏过检查点或找错检查点,则运动员的成绩无效。如果不是出于运动员本人的过错造成检查卡片少打标记(如检查点没有打印器或已损坏),并以证明他确已查寻到该检查点,经裁判认可,他的成绩仍有效。

9.当最后一批运动员出发,预计完成全赛程所需时间的 1.5～2 倍时刻为终点关闭时刻,由组委会规定并应在竞赛开始前通告运动员。

10.终点处应设置医疗站。

第二十一条 接力赛

1.进行接力赛的每个接力队的运动员均应按预先定好的顺序,一个接一个地完成一段个人路线,竞赛成绩取决于全队所用的总时间。

2.接力赛每个队由 2 名或 2 名以上同一级别或混合级别的人员组成。一个队所跑的全部路线必须与另一个队是同等的,但构成总路线的每段顺序应有所不同。

3.路线的构成

3.1 整条路线交换法。路线条数与每队运动员的人数相同,每个运动员分配一条路线,每个接力队必须完成全部路线,但顺序不同,每条路线不一定要设置相同数目的检查点。这种路线设计适用每组 4 人的接力赛。

3.2 路段交换法。整条路线在一些检查点上分成两条支线,在一些检查点又汇集到一起。这种路线设计适用于参赛队较多的接力赛。

3.3 部分路线交换法。全部路线以一个共用检查点分成两半,每一半路线按 3.1 的方法设置。这种路线设计适合三人一组的接力赛。

3.3.1 运动员的交接应在赛段终点线后的一段有限距离内以触手方式完成。

3.3.2 个人赛的规则对接力赛的各个赛段竞赛同样有效。

第二十二条 犯规与处罚

1. 下列情况给予警告处罚。

1.1 代表队成员擅自出入预备区,但未造成后果的。

1.2 在出发区提前取图和抢先出发者。

1.3 接受别人帮助,如指路、寻找检查点等。

1.4 为别人提供帮助,如指路、寻找检查点等。

1.5 为从对手的技术获利,故意在竞赛中与对手同跑或跟进者。

2. 下列情况,判运动员成绩无效。

2.1 冒名顶替参加竞赛者。

2.2 定向越野竞赛中使用交通工具者。

2.3 有证据表明在竞赛前勘察过路线者。

2.4 超过规定的完成竞赛时间者。

2.5 竞赛未结束,运动员到达终点后,再进入赛区。

2.6 未通过全部检查点,即检查卡片上打印器图案不全者(基层竞赛执行)。

2.7 打印器图案模糊不清,确实无法辨认者(基层竞赛执行)。

2.8 竞赛结束前(指终点关闭)不交回检查卡片者(基层竞赛执行)。

3. 下列情况,取消竞赛资格。

3.1 竞赛前如有运动员或运动队擅自进入竞赛场地。

3.2 不符合分组年龄标准或谎报年龄,弄虚作假者。

3.3 蓄意破坏点标、打卡器或其他竞赛设备者。

3.4 有意妨碍他人竞赛者。

3.5 丢失竞赛检查卡片者。

3.6 没有佩戴大会颁发的号码布。

第二十三条 其他处理

1. 运动员途中因伤病不能继续完成竞赛时,以弃权处理,退赛后应尽快向就近裁判员报告。

2. 出发前运动员因故退赛,领队或教练员应向起点裁判长递交书面报告。

3. 运动员迟到,且按竞赛顺序下批运动员已进入出发线时该运动员按弃权处理。

4. 运动员在竞赛中损害群众利益,视情节给予处罚,影响竞赛由本人负责,造成的后果及经济损失由本队负责。

三、裁判方法

第二十四条　裁判委员会

由总裁判、副总裁判和各组裁判长组成,受竞赛委员会领导。裁判委员会直接领导竞赛工作,负责竞赛实施和确定竞赛成绩,并监督领队、教练员、运动员遵守竞赛规则。

根据竞赛具体情况,在不违背竞赛规则的原则下,赛前可制定有关规定及提出注意事项。

竞赛前,协同有关部门检查场地及竞赛用品,进行裁判人员的分工和训练,做好竞赛的技术准备。

第二十五条　仲裁委员会

举办全国性竞赛,或大区域、省级竞赛,应任命一个仲裁委员会(或仲裁组),仲裁委员会通常由3～5名仲裁人员组成。其中一人为主席,另一人为秘书。在适宜的时候也可考虑在仲裁组成员之外任命一位秘书。

仲裁委员会的职责是:处理规则抗议条款中提及的各项抗议,对发生于竞赛中提交仲裁的其他事宜作出裁决。仲裁的裁决为最终裁决。

对定向规则未曾涉及的事宜作出裁决,事后应由仲裁主席以书面形式报告国家定向协会秘书长。

第二十六条　裁判组成及人数

总裁判:1人。

副总裁判:1～2人。

编排记录:组长1人。

编排记录员:组员3～5人。

起点裁判长:1人。

起点裁判员:

发令员:1人。

检录员:1人。

序道员:1人。

检查场地裁判长:1人。

检查场地裁判员:5～20人。

终点裁判长:1人。

终点裁判员:

预告员:1人。

收图员:1人(可根据赛事性质和需要而定)。

成统裁判长:1人。

成统裁判员:2人。

第二十七条 裁判员的职责

1.总裁判

总裁判是竞赛的裁判的组织者和领导人,是使各项竞赛能够按计划有条不紊进行的主持人。总裁判应是组委会和竞赛委员会的成员,总裁判必须首先做到严肃、认真、公正、准确,保证规则、规程的正确执行。

1.1 裁判的职责 。

(1)总裁判直接向竞赛委员会负责。必须是熟悉定向竞赛规则和裁判法,并有多次执裁全国(或大型)竞赛经验。

(2)遵循竞赛规程,全面领导竞赛的裁判工作。负责组织裁判队伍,并进行必要的训练。

(3)接受组委会、竞赛组的领导,执行组委会的有关规定,协调裁判委员会与组委会各机构的工作。

(4)视情况制定有关补充规定和通知,召开裁判长和教练员联席会议,说明和解答有关规定。

(5)赛前参与竞赛场地选择、路线设计、制订实施计划。竞赛时负责指挥工作。

(6)汇总、裁决竞赛中出现的问题,受理代表队提出的有关裁判工作的申诉和意见。

(7)负责指挥全部的竞赛裁判工作,科学合理果断处理突发事件。

(8)审核、签署竞赛成绩。

(9)副总裁判协助总裁判工作,完成裁判委员会分配的任务,必要时可兼任裁判组的裁判长职务。与有关部门一起负责代表队报到及运动员资格审查。负责组织代表队、工作人员、参观人员按时到达赛区及从起点向终点的转移。

1.2 总裁判的工作程序及方法。

1.2.1 赛前工作

(1)认真学习规则、规程和大会有关竞赛的文件,熟悉大会组织机构、有关人员及日程安排等,主动征询主管领导对竞赛裁判的要求,审核编排工作,了解竞赛的各主要裁判员的业务能力。

(2)召开总裁判的会议,研究竞赛计划,明确正副总裁判的分工,讨论组委会及领队、教练员和裁判长联席会上的发言内容,根据竞赛的要求委派各裁判组长,对全体裁判人员的大致归位。

(3)根据规则、规程和大会日程的安排,制订竞赛裁判工作计划,包括学习规则、裁判法、有关竞赛的文件等,正副总裁判应到各裁判组指导工作,协助解决问题。

（4）召开各裁判长会议,了解各裁判组对竞赛准备工作情况。

（5）提前对起、终点及赛场进行踏勘,对各组在竞赛裁判中可能出现的问题有预防。

（6）赛前检查各裁判组的准备工作情况,对起、终点的位置及布置进行验收,对电子打卡计时系统应指派专门的技术人员负责。

（7）根据竞赛类型和级别,制定出各场竞赛的关门时间。

（8）副总裁判的分工（以两位副总裁判为例）。

1）副总裁判甲:对起点裁判组进行直接领导,同起点裁判长搞好起点的裁判工作。

2）副总裁判乙:对终点裁判组进行直接领导,同终点裁判长搞好终点的裁判工作。

1.2.2 临场工作

（1）竞赛开始前,同场地（检查）裁判长联系,清楚知道各个检查点标志的布置是否完毕,场地（检查）裁判是否到位,检查起点、终点是否按竞赛要求布置完毕。

（2）按出发顺序表上的竞赛批次时间安排,宣布竞赛开始。

（3）对竞赛中出现的突发现象,根据规则条例作出处理意见。

（4）对竞赛中的运动员出现犯规现象,根据规则作出判决。

（5）解决竞赛中出现的问题及纠纷,如遇到规则未曾涉及的事宜,提出自己的处理,上报仲裁委员会作最终裁决。

（6）仔细核对运动员的成绩统计表,签字交编排记录公布。

1.2.3 赛后工作

（1）检查竞赛结束后的成绩统计表,签字交编排记录组,制作成绩册,在各裁判组总结的基础上作竞赛总结,并以书面形式交大会组委会。

（2）处理竞赛中未能解决的问题,继续受理教练员运动员的申诉,并在规定的时间内做出处理意见。

2.编排记录

编排记录工作是保证竞赛按计划、有头绪顺利进行的关键,编排记录裁判在竞赛中要做到周密,细致准确,并要头脑冷静,工作认真负责。

2.1 编排记录组裁判职责

（1）编排记录长负责领导和分配本组的各裁判员的工作。

（2）编排记录员应根据规则、规程、报名单、大会日程及有关材料,编制秩序册。

（3）在总裁判的监督下，根据规程的要求，按报名单进行各年龄组出发顺序的抽签，交给总裁判签阅，并打印成出发顺序表。

（4）竞赛中要准确记录和及时公布运动员到达终点的成绩。

（5）竞赛结束后，应尽快编制成绩册经总裁判签字交大会。

2.2 编排记录的工作程序及方法

2.2.1 赛前工作

（1）编排记录长填写本组所需器材，交总裁判签阅后到大会器材组领取。所需器材：①电脑、打印机、复印机；②笔、纸张、桌子、椅子；③大黑板、成绩公告栏。

（2）熟悉规程，审理报名单，熟悉活动规程的重点：参加办法、竞赛方法、年龄分组及录取名次。对规程理解不清的地方，应向制定规程的部门询问，不得私改规程。在审理报名表时，重点是报名表有无违反规程的现象，报名表符不符合规程的要求，对报名表上出现的问题（如年龄性别，证明不全和超过规定人数等），应及时上报总裁判，做出处理意见。

（3）准备检查卡片：所有报名参赛的运动员都应有电子检查卡片（即指卡），并进行统一编号登记成册，交会务组运动员报到处，发放给运动员直至竞赛结束，收回电子检查卡片。基础竞赛必须制作传统纸张检查卡片，卡片上应有参赛运动员的单位、姓名、号码、出发时间。

（4）竞赛分组和出发顺序表：认真审核报名表上每个运动员参赛的年龄组别，并根据规程的要求分出各组别的参赛运动员，并在总裁判监督下，进行各组别的出发顺序的抽签，抽签用计算机随机抽出。把运动员出发顺序抽签结果交总裁判签阅，如没有调整，及时打印成册交会务组，各代表队报到时发放。

（5）编写秩序册：秩序册的内容一般包括：①竞赛规程及补充通知；②组委会及各办事机构名单；③仲裁委名单；④裁判员名单⑤各代表队名单；⑥ 大会日程；⑦ 竞赛日程；⑧代表队人数统计；⑨赞助商的宣传照片和介绍。

在检地（检查）裁判帮助下，描绘出各组别的竞赛路线在地图上的符号表示，描绘结束应迅速进行印制。如进行人工描绘竞赛路线在图上的符号、各组别的竞赛路线，每张地图上的符号描绘位置一定要一致，圆心点必须正确。

2.2.2 临场工作

（1）随时与终点和成统裁判组联系，了解运动员到终点后的情况，并及时公布运动员到达的成绩。

（2）成绩公布之后及时调整各年龄组运动员到终点的名次排列。

（3）受理教练员、运动员的申诉，教练员、运动员填写申诉表须请总裁判作出处理意见。

2.2.3 赛后工作

(1)每场竞赛结束后,应及时公布本场各个组别所有运动员的成绩,全部竞赛结束后应及时准确统计出各代表队的团体总分和个人总成绩交总裁判签阅公布。

(2)竞赛结束后,所有成绩公布后无异议,应迅速完成成绩册编排和印制,争取及时发放到各个代表队手中。成绩册主要内容有:①体育道德风尚奖的集体与个人;②总裁判和副裁判的签字;③各组别、各代表队团体总分;④组别运动员成绩名次及所有参赛运动员的成绩。

(3)整理全部竞赛资料及各组别的竞赛路线图交大会竞赛处保管。

3. 起点裁判

起点工作是竞赛的开始,是保证竞赛顺利进行的主要环节,也是运动员能参加竞赛的保障。起点工作能顺利完成,将给整个竞赛带来良好的开端。

3.1 起点裁判组的职责

(1)裁判长负责组织全组裁判员学习竞赛规则和裁判法。

(2)裁判长根据裁判员基本情况进行分工(检录员、发令员、地图检查员、序道员)。

(3)对起点场地进行踏勘,并组织裁判员对场地的布置进行分工安排。妥善安排运动员进行准备活动的地方,划定区域。准备区域至起跑线要有专门通道。

(4)赛前实习,分析竞赛时可能发生的问题以及对策。

(5)裁判长必须熟练掌握检录员、发令员、发图员的位置、工作程序及各项业务。

(6)负责对起点标志的合理挂放,维持起点区域的秩序。

(7)赛后认真写好赛后总结,交予总裁判长。

(8)在裁判长领导下安排迟到运动员的出发。

(9)核实各竞赛组别,以及各组别人数。

(10)接力赛前除分好每一组别、每个队的棒次图外,还应在棒次图后面填写运动员号码。

(11)竞赛时发图员也可兼任序道员。

3.2 起点裁判的工作程序及方法

(1)根据技术组、裁判组设计的起点位,确定起点的正确位置。

(2)检查各年龄组的竞赛用图上是否有检查点说明表(如此次竞赛检查点说明表是随地图发放)。

(3)检查各组别竞赛地图数量,各组别地图交予一人保管,以免出现意外,无处可查。

（4）按竞赛组别的要求布置各组别的具体起点及地图的发放位。

（5）认真填写器材清单，交总裁判签阅，到器材组领取起点主要器材：发令器口哨、扩音器、小旗、长桌、椅子、对讲机、太阳伞、起点标志牌、横幅等。

（6）领取器材后，应认真检查、试用，要熟练掌握，运用自如。

（7）接力赛地图放置方法如图 9-8 所示。

图 9-8　接力赛地图放置方法

1）平面压图法。

2）立体套捋法：把地图卷成筒状用皮筋套好，棒次依次套在竹竿或其他固定物上。此方法适用于棒次少、参赛队多的竞赛。立体套捋法如图 9-9 所示。

3）立体夹选法：把地图背面朝外，按棒次依次排好夹牢，同一组别的各队并排放置在同一竖板前。竖板可按组别分成数块，也可把同一组别各队放置在并排的竖板前。此方法适用多组别、多棒次的竞赛。如图 9-10 所示。

图 9-9　立体套捋法

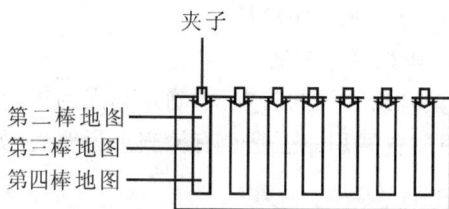

图 9-10　立体夹选法

(8)运动员通道图如图 9-11 所示。

(9)起点地区设置图如图 9-12 所示。

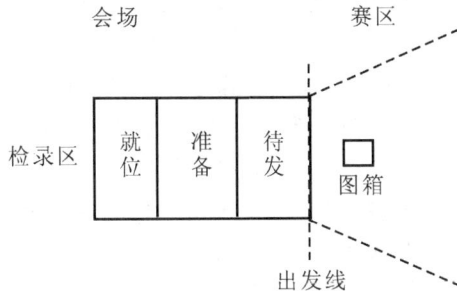

图 9-11 运动员通道图

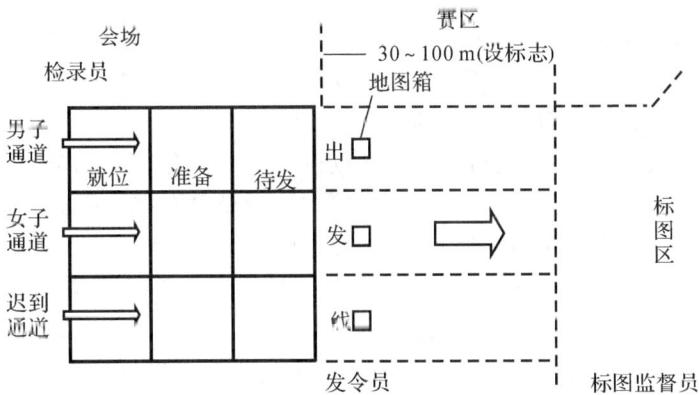

图 9-12 起点地区设置图

3.3 临场工作

在运动员开始做准备活动前,起点裁判如有可能,召集所有运动员交代竞赛中应注意的问题。

(1)竞赛前 20 min,检录员按出发顺序表开始检录,运动员距出发时还有时间段,检录员应检录运动员到自己组别的起点处就位。

(2)根据规程及本次竞赛出发时间的间隔,检录运动员到起点的各个区域。如出发间隔时间为 2 min,离出发时间还有 6 min 时,检录员就应检录第一批的运动员进入就位区;离出发时间 4 min,序道员就应通知第一批运动员进入准备区,检录员检录第二批出发运动员进入就位区;离出发时还剩 2 min 时,序道员通知第一批出发的运动员进入待发区,第二批的运动员进入准备区,检录员检录第三批的运动员进入就位区。当出发时间到,第一批运动员应取图进入赛区竞赛开始,序道员要通知第二批运动员进入待发区,第三批运动员进入准备区,检录员检录第四批运动员进入就位区,以此类推,检录完所有运动员。

(3)检录员在检录时如有运动员未到或迟到,必须按出发顺序表的出发时间检录,不能提前或推后。

(4)运动员在待发区,出发的命令是由发令员控制的发令器发出。发令器在离运动员出发时间还有10 s,开始发出叮鸣声,出发时间到发令器一声长鸣,运动员即可取图出发进入赛区。

(5)运动员在待发区等候出发时,发令员工应检查运动员的组别,是否在本组的出发道上,出发时间是否准确,运动员的号码是否与出发顺序表一致,运动员的指卡佩戴是否正确及是否清除和启动。

(6)发令器发出信号,发令员要及时提醒运动员取图出发同时通知终点裁判组竞赛开始。

(7)在接力竞赛中,如是采用第一棒的运动员同时出发,检录员应检录完所有参赛队的第一棒的运动员各自处于待发区。出发时间到,发令器发出出发令,运动员到自己的地图前取图进入赛区。

(8)接力赛第一棒运动员出发后,起点检录员注意检录第二棒运动员。当第一棒运动员出场时,序道员应及时报号,第二棒运动员在接力区等待,击掌握棒结束,第二棒运动员取图进入赛区,以此接力形式完成竞赛。

(9)如接力赛采用单个等时的出发,前三批出发的运动员按单项的出发形式。是运动员直接进入待发区等待出发,如第一棒运动员出发后,竞赛开始。当某队第一棒运动员完成竞赛到接力区时,序道员应急报号给本队第二棒运动员击掌取图进入竞赛区,这时不考虑其他队第一棒运动员是否出发。这种接力赛的出发是采用等时单个出发。在单个出发时,首先等每队发出第一棒运动员,某队的第一棒运动员已完成竞赛就应通知该队的第二棒运动员交接出发。

(10)检录和出发时如有违反规则和规程的现象,应及时通知总裁判并提出处理意见。

3.4 赛后工作

(1)所有参赛运动员出发完,应及时通知终点裁判组。

(2)对照出发顺序表,检查未到人员以及实际出发的总批次和总人数,并上报总裁判。

(3)起点裁判长布置人员清点交还所借器材。

(4)起点裁判长做好全组总结,以书面形式交总裁判。

4.场地(检查)裁判

场地(检查)裁判是竞赛的保证,检查点的设置是否正确,直接影响到竞赛能否公正、公平地顺利完成。场地(检查)裁判出现任何差错,能使这个年龄组的本场竞赛夭折,同时给大会的全部竞赛完成计划带来很大的困难,也给大会组织者带来极大的负面影响。

4.1 场地(检查)裁判组的职责

裁判长负责组织检查裁判员学习竞赛规则和裁判法。

(1)踏勘场地,向总裁判长递交用车计划表。

(2)领取地图(基层竞赛在地图初步做好路线设计)。

(3)带领全组裁判员按计划到竞赛场地实地勘测。

(4)按赛事指定提前日准时、准地登记报到,认真查看组委会、竞赛处的通知。

(5)由裁判长召集全体裁判员开好准备会。

(6)听从裁判长根据裁判员的基本情况进行分工。

(7)赛前按计划检查赛场检查点是否准确,有疑问报裁判长并记录于图。

(8)赛前按计划完成对自己分点图的准确布点,完成后报告裁判长。

4.2 场地(检查)裁判组的工作程序及方法

4.2.1 赛前工作

(1)裁判长到编排记录组领取各年龄组的竞赛路线地图并掌管本次竞赛的全点图。

(2)裁判长填写本组所需器材交总裁判签阅后到大会器材组领取。

(3)场地(检查)组所需器材:①检查点标志及打卡器;②对讲机;③放点标的立柱和板凳;④水壶、雨衣、太阳帽、文件夹、文具、器材包。

(4)认真检查各年龄组地图上的竞赛路线。

(5)认真检查各年龄组的竞赛路线的检查点标志的代号。

(6)认真检查各年龄组的实地点标的符号和代号。

(7)根据各年龄组的竞赛路线制作出检查点说明符号。

(8)认真检查检查点、打卡器,校对检查点符号与检查卡片是否相符,如时间许可每场更换打卡器。

(9)使用电子打卡计系统时,应对电子计时系统中的打卡器进行检修、调试,保证无障碍出现。

(10)了解各年龄组实地点标位置的地形、地貌特征及主要的地理特征。

(11)场地(检查)裁判长带领各年龄组的路线负责人进行各年龄组竞赛路线的实地勘查。

(12)场地(检查)裁判长可以根据各路线的检查点的分布,用以下的形式布置检查点:①分组以正、反两边向中间布置检查点。并相互检查;②各年龄组的竞赛路线选一个负责人带领全组的场地(检查)裁判进行布置,如需要布置一个检查点留下一个检查员。

(13)如在勘查过程发现地物、地貌位置与地图不符时应记录并标在地图上,检查复核后请示总裁判,对该地域的检查点进行取舍或对地图进行修正。

(14)勘查结束后应及时制出点标说明符,并上报给总裁判。

(15)规定场地(检查)裁判的服装,以及裁判检查点布置完后应处的位置。

(16)制作运动员到达检查点时间表(见表9-3)。

表9-3　运动员到达检查点记录表

通过时间		运动员号码	备注(通过情况)
时　分　秒			
时　分　秒			
时　分　秒			
时　分　秒			
时　分　秒			

4.2.2 临场工作

(1)运动员出发前,场地(检查)员应对各年龄组的竞赛路线的检查点准确布置在实地中。

(2)场地(检查)员在运动员出发后应位于检查点比较隐蔽的位置,不能使运动员发现场地(检查)裁判而判出检查点的位置,使位置在不公开下进行。

(3)在竞赛中,场地(检查)裁判不能给予运动员提示及暗示有关竞赛方向。

(4)在竞赛中,场地(检查)员应时刻注意运动员经过检查点的情况,观察检查点是否受到破坏、运动员是否有意破坏检查点以及其他的犯规行为,如一旦发现上述的任何一项都应报告场地(检查)长,请检查长拿出具体处理方法和意见。运动员如果有犯规行为还应报告运动员,证据犯规的情况及其他的犯规行为应立即发出警告。检查长应拿出自己的处理意见。

(5)检查裁判长应在运动员到达时记录下运动员到达时间、号码,并保护检查点不受到人为的破坏。

(6)在竞赛中,如场地(检查)裁判人员不够,可设几个主要检查点进行运动员的记录。

(7)如在竞赛中场地(检查)员发现有运动员受伤和遇到意外,应立即进行抢救和处理,同时应报告给场地(检查)长,使大会组织者能即刻采取行动。

(8)如竞赛使用电子打卡装置,场地(检查)裁判应注意运动员的持指卡打卡情况,如打卡装置出现故障,应立即报告检查长,同时对后面的运动员进行说明。

（9）运动员的服装应同周围环境颜色相接近。

4.2.3 赛后工作

（1）场地（检查）长得到总裁判竞赛结束的通知后,才能通知场地（检查）员收拾检查点标志。

（2）检查员在收到检查点标志后,如发现有迷路、退赛的运动员应收审,并报告场地（检查）长具体人数。

（3）如时间许可,场地（检查）裁判在各检查点应以中间的检查点分两头进行,这样场地（检查）员分别回到竞赛的起、终点,最后集中由场地（检查）长做简单的小结。

（4）场地（检查）长对各年龄组的竞赛路线负责,收集场地（检查）的器材和装备,交还给大会器材组。

（5）场地（检查）长应认真填写赛后的裁判总结,以书面的形式交予总裁判。

5.终点裁判

终点裁判是保证竞赛顺利完成的最后工序。终点是运动员完成竞赛的地方,运动员成绩的优劣在终点处能得到体现。终点裁判必须公平、公正快速准确执行裁判工作,对运动员所取得成绩尽快反馈。

5.1 终点裁判组的职责

（1）裁判长根据本组裁判员的基本情况分配本组裁判员的工作。

（2）裁判长组织终点裁判学习竞赛规则和裁判法。

（3）勘查竞赛终点现场,画出终点布置图,重点是接力布置图。

（4）赛前向检查点裁判长索要并核实标准卡,特别是接力各棒次、各组别的标准卡。

（5）带领裁判员布置现场,进行裁判实习。

（6）受理运动员申诉,报告总裁判长。

（7）收集运动员犯规情况,提出处理意见,报请总裁判裁决。

（8）负责收回运动员的竞赛地图。

（9）维持终点秩序。

5.2 终点裁判组的工作程序和方法

5.2.1 赛前工作

（1）裁判长填写终点裁判所需器材的清单,交总裁判签阅。

（2）裁判员到大会器材组领取器材,终点的主要器材有:计时器、扩音机、对讲机、区域划分牌、终点横幅和标志牌、彩带绳和终点跑道标志绳、文具等。

（3）领取器材后应认真检查、试用。

(4)根据技术组提供终点区域,确定终点的具体位置。

(5)布置好终点工作区域,重点是接力的布置图。

终点示意图如图9-13所示。

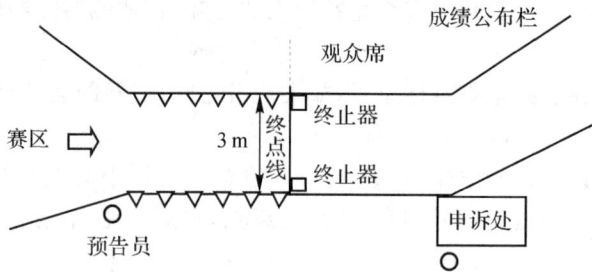

图9-13　终点示意图

接力设置图如图9-14所示。

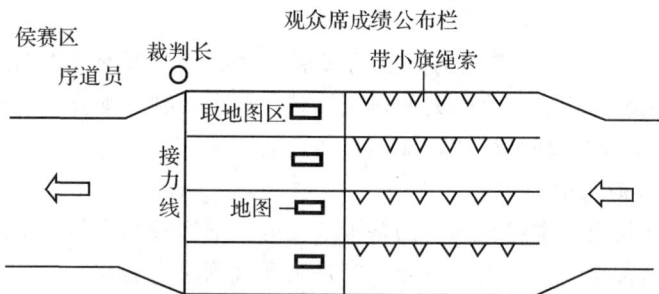

图9-14　接力示意图

5.2.2临场工作

(1)运动员跑向终点时,预告员要快速、准确、清晰地向终点报告运动员的号码,在接力赛中这一点尤其重要。

(2)计时员在运动员到终点时要告诉运动员迅速打终止器,表示计时停止。

(3)收图员告诉到达终点的运动员把地图放在具体的位置。

(4)验卡员指挥运动员打成绩取读器,取出运动员的竞赛成绩。

5.2.3赛后工作

(1)所有运动员到达终点后,裁判长应通知总裁判。

(2)到竞赛关门时间,裁判长将未到终点的运动员通知给总裁判。

(3)收拾终点场地,归还终点器材。

(4)裁判长做好裁判总结,以书面的形式交总裁判长。

5.2.4基层竞赛应采用如下原则的终点裁判工作

（1）预告员：快速、清晰、准确地向终点报告回来运动员号码，在接力竞赛中尤为重要。

（2）收卡员（兼收图员）：认真、快速地收回检查卡，快速核查卡与运动员是否相符，完成后交予验卡员。

（3）计时员：快速、准确地报时，并快速、准确地记录在案和登记在检查卡上。计时员必须备有竞赛运动员的全部起、终点时间，最后交给统计员。

（4）验卡员：公正、准确地对检查卡进行核实，核实准确后登记在案，最后交给统计员。同时严格保管好检查卡备查。

（5）统计员：根据计时员和验卡员上交的时间和检查卡统计出成绩和名次。

1）以找对全部检查点并在关门时间内完成竞赛全过程的时间进行录取、排名。

2）为错一点并在关门时间内完成竞赛按时间排名，但名次在上一组后面。以后以此类推。也可根据竞赛需要，视地图收回成为名次排定的必要条件。

（6）收图员：根据竞赛需求和竞赛委员会的决定，对通过终点的运动员即刻进行收图，并不得向其他运动员展示。

6.成统裁判

成统裁判组是对运动员的成绩进行统计，任何错误都不允许发生。任何错误的出现都会改变竞赛成绩，而造成误会，使竞赛的公平性受到误解，对大会的圆满结束起到不利的作用。

6.1 成统裁判的职责

（1）负责本组裁判员的学习和分配本组裁判员的工作。

（2）根据竞赛需要填写竞赛器材清单，交总裁判签字，并到器材组领取竞赛器材。

（3）根据运动员到达终点后的成绩进行电脑统计，并交编排记录组进行公布。

（4）对成绩中出现的问题及时报总裁判，并解决问题。

（5）对电子打卡系统中的终端打印系统进行维护和检修。

（6）解决成绩中出现的问题和错误。

（7）负责与编排记录组的联系，使运动员的成绩能及时反馈到运动员。

6.2 成统裁判组的工作程序与方法

6.2.1 赛前工作

（1）裁判长填写器材清单，交总裁判签阅，裁判员到大会器材组领取竞赛器材，主要器材有电脑、打印机、电子打卡计时系统中的终端打印系统。

（2）裁判员领取器材后要进行检查、试用，保证电脑等器材能正常应用，并熟练地掌握。

(3)布置成绩公告栏。

6.2.2 临场工作

(1)运动员到达终点后要提醒运动员打成绩读卡器。

(2)运动员打完成绩读卡器,裁判员指挥运动员再打红色打卡器,把运动员的成绩输入电脑。

(3)运动员的成绩输入电脑后,操作员要迅速做好成绩统计,并打印出来。

(4)运动员的成绩统计打印完毕,要及时把成绩公布。

(5)把所有运动员的成绩统计完毕交编排记录组,进行团体总分和个人总成绩的统计。

6.2.3 赛后工作

(1)裁判员收还竞赛器材。

(2)裁判长作本组裁判总结,以书面的形式交总裁判。

第二十八条 运动员抗议申诉书

送仲裁组:

申诉单位:＿＿＿＿＿＿＿＿＿＿＿

领队或教练员签字:＿＿＿＿＿＿＿＿＿＿

根据竞赛规则:＿＿＿＿＿＿＿＿条,现向仲裁组提交抗议申诉书,并附交申诉费＿＿＿＿元(人民币)。

竞赛时间:＿＿＿＿年＿＿＿＿月＿＿＿＿日＿＿＿＿时。

项 目:＿＿＿＿＿＿＿＿＿＿＿

理 由:＿＿＿＿＿＿＿＿＿＿＿＿＿＿＿＿＿＿＿＿＿

成绩公告时间:＿＿＿＿＿＿＿＿＿ 抗议书收到时间＿＿＿＿＿＿＿＿

裁决结果: 抗议 成立,申诉费退还＿＿＿＿＿＿人民币。

否决,申诉费不退＿＿＿＿＿＿人民币。

裁决理由:

裁决证明书签收人签字:＿＿＿＿＿＿＿

裁决证明书

送发＿＿＿＿年＿＿＿月＿＿＿日＿＿＿时。

仲裁人签字＿＿＿＿＿＿

根据下列理由,抗议成立,退还申诉费。

否决,申诉费不退。

项 目:＿＿＿＿＿＿＿＿＿＿＿

理 由:＿＿＿＿＿＿＿＿＿＿＿＿＿＿＿＿＿＿＿＿(详见附件)。

第二十九条 对裁判员的处罚

1.下列情况给予警告

(1)不服从工作安排,造成不良影响者。

(2)不遵守竞赛纪律,但未造成严重后果者。

(3)损坏竞赛器材,并及时补救者。

(4)不按期报到者。

(5)有事不请假者。

2.下列情况给予降低裁判等级处罚

(1)两次警告者。

(2)不遵守竞赛纪律,有人申诉,情节严重者。

(3)对竞赛规则和裁判法不熟不学者。

(4)有依不依者。

3.下列情况开除裁判队伍:

(1)有意向运动员报密者。

(2)利用工作之便帮助他人者。

(3)向运动员收受财物贿赂者。

(4)两次降级者。

第三十条 竞赛总结报告

竞赛结束后,竞赛委员会应向主办单位和定向运动组织递交总结报告。报告的主要内容如下:

竞赛名称、日期、项目、主办单位、参赛单位、运动员数量、各组别数目、竞赛名次记录、竞赛场地简况、气象条件、竞赛的特殊规定等。

随同总结报告应附标注各组别竞赛路线的地图。

思考与练习九

(1)在进行定向越野竞赛活动时,所需要的器材有哪些?

(2)简述定向越野比赛时各点位的流程。

(3)简述起、终点裁判组职能。

第十章　定向越野课程教学案例

本章案例涵盖了从基础体能训练到高级导航技巧的各个方面,每个案例都包含了详细的教学目标、方法、步骤和反思指南。我们鼓励教师和教练根据学习者的特点和需求,灵活运用这些案例,创造富有启发性和吸引力的学习体验。

第一节　"方位角定向"教学案例

一、设计背景

定向越野运动是一项体能和技巧都缺一不可的运动项目,定方位是学习该项运动必备的能力。"方位,谓四方中央之欤也。",其基本方位包括东、南、西、北,另有东南、东北、西南、西北四个中间方位。时钟定方位也是十分常用的一种方式,将自己正放于一个钟表盘中央,方向便可以用点数表示,正方向为 12:00,后方向为 6:00。

在定向越野课程学习中,定方位是课程的第一步。当定向选手拿到地图第一步便是确定自己的位置,寻找前进的方向,到达一个打卡点位之后寻找下一个点位的方向。张衡在《东京赋》中写道:"辨方位而正则"。对于青少年而言,相当于在成长过程中,确定自己此时此刻的位置,寻找人生的方向,并朝着目标不断前进,在这过程中披荆斩棘,进行人生的"定向"挑战。

二、教学目标

(一)认知目标

(1)了解完整的定向比赛的流程。

(2)建立地图与实际地物的概念。

(3)对方向的认知,了解"四面八方"的指向。

(二)技能目标

(1)培养学生的独立思考、迅速反应、果断决策的能力。

(2)培养定向的时间和空间感觉。

(3)通过素质练习,加强下肢力量和核心力量。

(三)情感目标

(1)激发学生学习定向越野运动的兴趣与热情。

(2)培养学生的竞争意识和克服困难的精神。

(3)培养学生相互学习、相互交流的沟通能力。

(四)思政目标

(1)培养学生的独立思考、迅速反应、果断决策的能力。

(2)明白"方向"的重要性,定向的方向和人生的方向一样,正确的方向能避免很多的弯路。

(3)增强学生对人生规划的意识,明确人生目标。

三、教学内容

(一)定向技术

(1)概略标定地图:标定地图是现地对照地图的首要步骤,标定地图就是将地图的方向与现地和方位一致起来。定向地图上的方位是:上北、下南、左西、右东。当我们在现地正确地辨别了方向之后,只要将定向地图的上方对向站立点的北方,地图就已标定。

(2)拇指辅行方法:人在地上走,指在图上移。先将地图正置,把拇指放在地图上自己的位置。这样你要前进的方向便在地图前面,使你清楚观察四周的环境及地理特征。当前进时,拇指随着移动;当改变前进方向时,地图也要随着转移,即保持地图北指向正北方。那样你可以在任何时候都能立即指出自己在图中的位置,节省不少时间和精神。

(二)思政内容

(1)定方位定人生:学生的大学生活是一场大型的定向越野积分赛,没有规定路线,在完成必打点的同时有无数个自由点,每一名学生都有一份属于自己的独一无二的定向地图。学生要找到目标点,确定方向,快速正确地进行定向越野的打卡,如同人生过程,确定目标和方向,并且为之不断努力。

(2)国防知识学习:方位角专项练习,这一训练方式也是中国人民解放军的常规军事训练科目之一,以此为切入点,介绍军人的训练日常,传播国防知识,引导学生关注国防事业,了解军事方面的伟大成就,增强爱国精神。

(三)教学地图示例

地图主要由磁北方向标和打卡路线构成。每一个小图中的磁北方向标分别指向四个不同方向,要使地图的北方向指向实际北方向,就需要在打卡过程中进行转图和标定地图的练习。打卡路线包括一个起点(三角形表示)、一个终点(双圆圈表示)和若干检查点(单圆圈表示),检查点用序号—代码对表示,序号代表打点顺序,代码标定点签器的号码(可以用来确定你要找的点,检查点代码,与你找到的点、点签器号码是否一致),迷宫定向地图示例如图 10 - 1 所示。

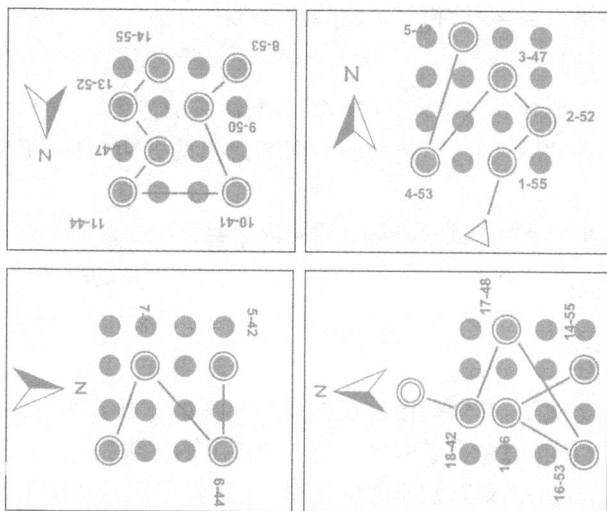

图 10 - 1　迷宫定向地图示例

四、教学过程

(一)线上预习

教师将本节课的重要内容提前上传至雨课堂(见图 10 - 2)小程序中,提前进行预习。

(二)课堂导入

在我们的日常生活中,每天都在定向,如我们在学校里的生活和学习、从宿舍去田径场,我们选择走哪条路? 怎么走? 这都是定向(如图 10 - 3 所示)三角表示起点,为宿舍楼,双圆圈为终点,也就是你的目的地,那么你怎么选择路线? 如何顺利到达目的地? 这个过程就是定向。下面请两名学生来分享一下他们的"校园定向"的路线规划。

在现实生活中,无论是学习、工作还是生活,我们都会面对很多的不确定性和抉择,如何找到不确定性的关键点,如何提升自己的认知维度,在到达目标的无数条路线选择面前,冷静、果断地去决策,是我们每个人必备的生存能力。定向越野就像人生,或者可以说,人生就如同定向越野一样。每一次定向,我们都在审视自己的理想;每一次规划,我们都是为了更好去选择;每一次坚持,我们都在靠近自己的目标;每一次总结,我们都是为了成就更好的自己!

人在地上走,指在纸上移

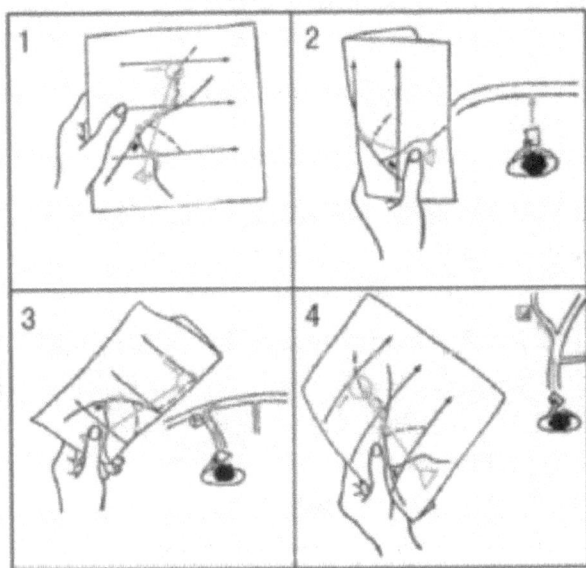

图 10-2　雨课堂线上预习

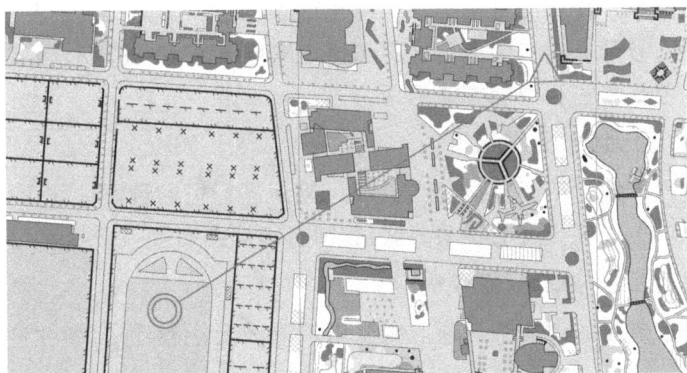

图 10-3　日常生活路线选择示意图

(三)课堂内容

初步了解标定地图的概念,介绍定向地图的构成,建立定向与方位的概念。介绍本节课的练习内容——方位角训练。这一训练方式也是中国人民解放军的常规军事训练科目之一,介绍军人的训练日常,讲解国防知识。

(四)第一张地图(体验)

学生根据自己所处的位置,将平面图与实际对应,再进行标定地图的练习,反复练习直到掌握标定地图的基本方法。

练习以个人形式进行,学生跑完一张图后可以休息 3~5 min,再完成下一张图。要求每个学生跑三条路线。

"方位角定向练习"组织步骤如下:

(1)教师集中讲解方位角定向的特点、练习方法和练习要求。

(2)教师把学生分为 4 组,男生 2 组,女生 2 组,每组 8~10 人。每组面前放置一个地图盒,盒里装有本组的地图和指卡(或笔)。

(3)采用电子打卡设备,给每个学生发放指卡,记录打印成绩(如没有电子设备,教师发给每个学生一张打卡纸,要求每个学生出发前根据教师的报时在自己的打卡纸上记下自己每条路线的出发时间,完成一条路线后,根据教师的报时,在打卡纸上记下自己返回的时间)。

(4)要求逐渐缩短看图时间,减少看图次数,提高读图能力。

(5)学生应尽力加快点与点之间的奔跑速度,提高反应能力、速度和耐力素质。

(五)教师教学、示范

教师根据第一次体验过程中学生提出的疑问进行解答,针对学生出现的错误进行纠正。教师介绍概略标定地图和拇指辅行方法,并进行示范,要求学生观察教师在示范打卡过程中的方法运用。

(六)第二张地图(熟练运用)

学生进行标定地图、旋转地图的练习,逐渐进行提前读图的练习,慢慢掌握跑动节奏。学生提高自身的跑动节奏,教师打印学生成绩。

(七)课后反思与练习(雨课堂)

教师将本节课的课后练习题上传至雨课堂线上小程序中,学生在课后完成试题。

(八)技术要点与要求

(1)要求学生在转换方向后,立即转动地图,始终保持地图方位与前进的方位相同。

(2)要求学生熟练掌握拇指辅行法,减少看图次数,提高读图能力。

五、教学重点与难点

(一)教学重点

(1)在不使用指北针的情况下,熟练掌握标定地图方法。

(2)正确掌握拇指辅行法、折叠地图法。

(3)在行进过程中,随着跑动方向的变化及时转动地图。

(二)教学难点

(1)确定前进方向的方法。

(2)转动地图的方法。

(3)思政内容的融入方式。

六、易犯错误与纠正方法

(一)易犯错误

(1)学生手持地图不是水平状态,地图倾斜,造成地图标定得不准确。

(2)学生不能熟练转动地图,常常出现退着跑、地图反拿等现象,造成地图标定的偏向。

(二)纠正方法

(1)要求学生持图时一定位于体前,地图与地面平行。

(2)要求学生在转换方向后,立即转动地图,始终保持地图方位与前进的方位相同。

七、针对性素质练习

(一)下肢力量练习

(1)静力半蹲练习。学生按小组围成圆圈站立,听教师口令后进行静力半蹲练习,要求大小腿之间的夹角约为110°左右,半蹲时间约 3 min,练习两组,主要提高学生的大腿肌肉力量。

(2)提踵练习。学生按小组围成圆圈站立,原地提踵练习,提踵时尽力向上抬起脚掌,小腿、大腿和臀部肌肉收紧,并停留 2 s,30 次左右为一组,完成两组。提高学生大腿后群肌肉、小腿肌肉和踝关节的力量,可以与静力半蹲交替进行练习。

(二)放松练习

(1)抖动放松。分别对腿部肌肉进行抖动放松,使肌肉松弛,同时调整呼吸。

(2)伸拉放松。对本次课负荷较大的小腿、大腿肌群重点进行拉伸,放松腿部肌肉。

第二节 "百米定向"教学案例

一、设计背景

2013 年 3 月 17 日,习近平总书记在十二届全国人大一次会议闭幕会上讲道:实现中国梦必须弘扬中国精神。这就是以爱国主义为核心的民族精神,以改革创新为核心的时代精神。这种精神是凝心聚力的兴国之魂、强国之魂。"中国精神"是社会主义核心价值体系的精髓,是民族精神与时代精神的统一。"中国精神"是中华民族的灵魂,博大精深,内涵深刻,意义深远。

百米定向是指在较为空旷的小区域场地范围内进行比赛,参赛者需要依靠手中的标有若干检查点和方向线的地图、借助指北针自由选择路线,依次在各个检查点打卡,用时短者获胜。百米定向是对参加者在高速奔跑的短时间内读图并做出正确判断的挑战,是对参加者智力、体力、心理素质的综合考验和锻炼。以参加者为中心,通过充分利用场地器材的变化,通过比赛手段和自主、合作学习方式的结合,活跃课堂气氛,使学生以情入境、以境乐练,真正体验运动的乐趣,激发学生参与定向活动的热情。通过对检查点的命名以及点位任务的设置加深学生对中国精神的理解和对自身珍贵品质的培养。

二、教学目标

(一)认知目标

(1)使学生了解百米定向的规则和流程。

(2)使学生形成连续变换方位的方向感。

(3)使学生掌握读图能力。

(二)技能目标

(1)使学生掌握标定地图、快速正确地判定方向的技术。

(2)使学生掌握独立思考、迅速反应、果断决策的能力。

(3)使学生熟练拇指辅行方法的使用。

(三)情感目标

(1)使学生提高百米定向跑能力和学习兴趣。

(2)培养学生竞争的意识和克服困难的精神。

(3)培养学生相互学习、相互交流的沟通能力。

(四)思政目标

(1)使学生传承紧密团结、艰苦奋斗的中国精神。

(2)使学生形成竞争的意识和克服困难的精神。

(3)使学生树立坚定的信念和崇高的理想。

三、教学内容

(一)定向技术

(1)概略标定地图：标定地图是现地对照地图的首要步骤，标定地图就是将地图的方向与现地和方位一致起来。定向地图上的方位是：上北、下南、左西、右东。当我们在现地正确地辨别了方向之后，只要将定向地图的上方对向站立点的北方，地图就已标定。

(2)拇指辅行方法：人在地上走，指在图上移。先将地图正置，把拇指放在地图上自己的位置。这样你要前进的方向便在地图前面，使你清楚观察四周的环境及地理特征。当前进时，拇指随着移动；当改变前进方向时，地图也要随着转移，即保持地图指向正北方。那样你可以在任何时候都能立即指出自己在图中的位置，节省不少时间和精神。

(二)思政内容

百米定向是在高速奔跑的短时间内读图，并做出正确判断，是对参加者智力、体力、心理素质的综合考察和锻炼，在练习过程中，培养学生坚强的意志、顽强的毅力和坚持到底、勇于克服困难的中国精神和自尊、自信、自立、自强的品质。

中国精神内涵丰富，"中国精神"包含了中国传统文化的精华，是中国传统文化长期发展的思想基础。文化的基本精神是文化发展过程中的精髓的内在动力，是指导民族文化不断前进的基本思想。广泛流传，推动中国文化传统与民族精神发展的作用。将中国精神融入百米定向点位，并在特定点位设置身体素质练习任务，促进学生对中国精神内涵的理解和学习。

(三)教学地图示例

地图主要由指北方向标和打卡路线构成。学生从起点出发，按顺序依次打卡各中国精神任务点,在运动任务点需先完成运动任务再打卡,打卡路线包括一个起点(三角形表示)、一个终点(双圆圈表示)和若干检查点(单圆圈表示),检查点用序号一代码对表示,序号代表打点顺序,代码标定点签器的号码(可以用来确定你要找的点,检查点代码,与你找到的点,点签器号码是否一致)。

四、教学过程

(一)线上预习

教师将本节课的定向技术重要内容提前上传至雨课堂小程序中,提前进行预习。

(二)课堂导入

中国精神主要包括以爱国主义为核心的民族精神和以改革创新为核心的时代精神。民族精神包括团结统一、爱好和平、勤劳勇敢、自强不息。在反对民族分裂、抗击外来侵略,维护祖国统一和民族团结中,表现出的不畏强暴、勇往直前、前赴后继、舍生忘死、坚贞不屈的精神,就是我们的民族精神。向学生提问所了解的中国精神内容,并导出本节课百米定向地图中引用的中国精神及其内涵。

(三)课堂内容

学生初步了解百米定向比赛的比赛形式,竞赛规则以及技术特点。教师介绍本节课的教学地图元素、教学形式以及平时加分规则。本节课主要以田径场百米定向地图为主,以分组形式进行定向技术教学。百米定向接力跑规则:以小组为单位,每一位小组成员完成一个点后将图交予下一位组员完成,以时间最短、准确率最高为获胜队伍。

(四)第一张地图(体验)

学生根据定向地图中的顺序信息,独自完成地图中的任务,通过一张地图的练习,掌握百米定向赛的基本技术,了解定向比赛的基本规则和要求。

练习以小组形式进行,教师讲解完练习规则之后,学生分批次每隔 30 s 出发两人,要求学生保证打卡顺序的准确性,以及个别点位的身体素质练习任务的完成。"百米定向练习"组织步骤如下。

教师集中讲解本次课百米定向赛的特点、练习方法和练习要求。

学生两人一组,每组一张地图,要求第一位出发的学生完成图中一半点位之后返回起点,并将指卡和地图交给另一位组员,由第二位学生完成剩余点位任务,并完成终点打卡。

采用电子打卡设备,给每组学生发放指卡,记录打印成绩(如没有电子设备:教师发给每个学生一张打卡纸,要求每个学生出发前根据教师的报时在自己的打卡纸上记下自己每条路线的出发时间,完成一条路线后,根据教师的报时,在打卡纸上记下自己返回的时间)。

要求每组学生能够准确跑完一张地图,且能够描述自己选择跑动路线的原因、所考虑到的影响因素。学生应尽力提高检查点的选择正确率,提高综合决策能力及各项身体素质。

(五)教师教学、示范

教师根据第一次体验过程中学生提出的疑问进行解答,针对学生出现的错误进行纠正。教师介绍百米定向赛的基本技术、路线选择时应考虑的因素等,要求学生能够基本了解百米定向赛的特点,掌握一定的定向技术。

(六)第二、三张地图(熟练运用)

学生四人一组,每组一张地图,要求第一位出发的学生完成起点打卡以及图中所有点位之后返回起点,并将指卡和地图交给组内的下一位组员,后三位接力的组员无需起点打卡,前三位出发的组员无需终点打卡,四名学生依次完成图中所有点位任务,由第四位学生完成终点打卡。

(七)技术要点与要求

(1)标定地图时地图要位于体前并端平。

(2)使用指北针标定地图时,指北针要水平放置在地图上,不能斜放。

(3)标定地图时指北针红色箭头与定向地图上的指北线要完全重合。

(八)课后反思与练习(雨课堂)

教师将本节课的课后练习习题上传至雨课堂(见图 10 - 4)小程序中,学生在课后完成试题。

五、教学重点与难点

(一)教学重点

(1)在不使用指北针的情况下,利用明显地物和地形点标定地图。

(2)正确使用指北针确定前进方向。

(3)在行进过程中,随着跑动方向的变化及时转动地图。

(二)教学难点

(1)确定前进方向的方法。

(2)使用指北针的方法。

拇指辅行方法：人在地上走，指在图上移。先将地图正置，把拇指放在地图上自己的位置，当前进时，拇指随着移动，当改变前进方向时，地图也要随着转移，即保持地图北指向正北方。

Ⓐ 正确

Ⓑ 错误

标定地图是现地对照地图的首要步骤，标定地图就是将地图的北方向与现地的南方位一致起来。

Ⓐ 正确

Ⓑ 错误

【定人生，向理想】
在本次课程中，你了解到一些军人的训练日常和一些国防知识，对此你有什么感想？

【定人生，向理想】
简要说明你现在的理想目标，达到目标途中所选择的"道路"。

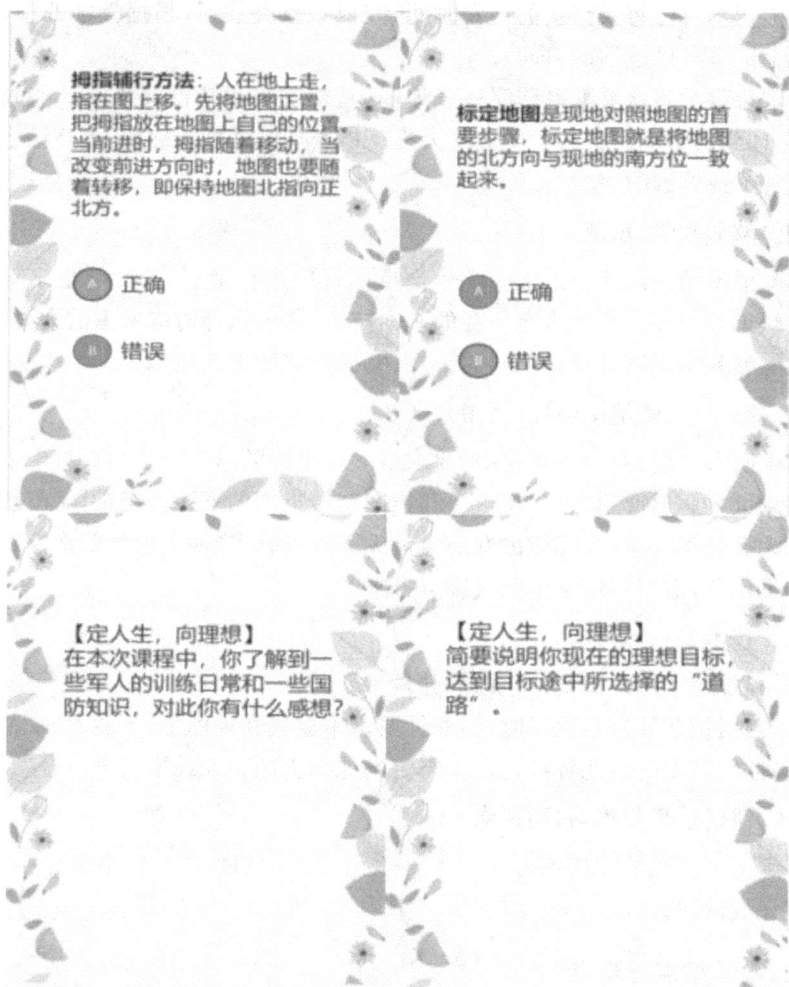

图 10-4　雨课堂线下复习

六、易犯错误与纠正方法

(一)标定地图易犯错误与纠正方法

1.易犯错误

(1)练习者手持地图不是水平状态，地图倾斜，造成地图标定得不准确。

(2)练习者经常将指北针的蓝色箭头朝向地图上方，使指北针的红色箭头无法与定向地图上的指北线重合，造成地图标定的偏向。

2.纠正方法

(1)要求练习者持图时一定位于体前,地图与地面平行。

(2)讲明指北针的构造,讲明蓝色箭头与红色箭头各自的功能。

(二)图地对照易犯错误与纠正方法

1.易犯错误

练习者在行进途中转换方向后,经常忘记转动地图,造成地图与实地无法一一对应,导致无法确定前进方向。

2.纠正方法

进行连续调转方向的练习,每次调转方向后,检查练习者是否正确转动了地图,多次重复,强化练习者调转方向后及时转动地图的意识。

七、针对性素质练习

(一)下肢力量练习

1.静力半蹲练习

练习者按小组围成圆圈站立,听教师口令后进行静力半蹲练习,要求大小腿之间的夹角约为110°左右,半蹲时间约 3 min,练习两组,主要提高练习者的大腿肌肉力量。

2.提踵练习

练习者按小组围成圆圈站立,原地提踵练习,提踵时尽力向上抬起脚掌,小腿、大腿和臀部肌肉收紧,并停留 2 s,30 次左右为一组,完成两组。提高练习者大腿后群肌肉、小腿肌肉和踝关节的力量,可以与静力半蹲交替进行练习。

(二)放松练习

1.抖动放松

分别对腿部肌肉进行抖动放松,使肌肉松弛,同时调整呼吸。

2.伸拉放松

对本次课负荷较大的小腿、大腿肌群重点进行拉伸,放松腿部肌肉。

第三节　"沿点定向"教学案例

一、设计背景

校园具有特定的环境和气氛,它包括校园建筑设计、校园景观、绿化美化等物化形态的内容。定向越野作为一项基于地图与环境信息的运动项目,其运动过程中需要将地图与实地中的各种建筑以及指北进行匹配,需要不断地观察校园内的建筑等,在教学过程中将校园内的建筑等文化内容融入点位打卡,通过教师讲解以及学生实地观察,加深对校园文化内涵的理解,增进学生对学校的热爱,提升学生对学校的归属感。将检查点设置于校园内标志性建筑所在处,学生在打卡时通过观察,了解标志性建筑的信息,熟悉校园环境。

二、教学目标

(一)认知目标

(1)学生能够对地图符号信息有一定的识别能力。

(2)掌握一定的图景识别技能。

(3)系统理解地图中的信息。

(二)技能目标

(1)引导学生基本掌握定向技能。

(2)培养学生根据地图符号对应实地地物的能力。

(3)通过针对性素质练习,增强身体素质。

(三)情感目标

(1)激发学生学习定向越野的兴趣与热情。

(2)增强学生对校园文化的了解。

(四)思政目标

(1)培养学生运动过程中对整体的把控能力。

(2)通过对校园标志性建筑的观察,促进学生对学校的了解。

(3)提高学生对学校的归属感。

三、教学内容

(一)定向技术

(1)进行准确的图地对照:图地对照是学生在定向过程中选择路线的基本条件,图地对照就是将地图中的各种符号与现实场景中的物体相互对应起来。定向地图中包含非常多的符号信息和颜色信息(点状符号、线状符号和面状符号);不同颜色对应不同的行进区域。当我们在实地中准确判断地图中每个符号信息和颜色信息时,才能够结合自身条件,选择较为合适的行进路线。

(2)判断距离:比例尺是定向地图的重要组成部分。通过比例尺判断自身位置与目标点位的距离,结合自身运动能力,大致估算到达目标点位的时间。在判断实地距离和了解自身配速的条件下,在运动过程中合理分配体力,才能够更好地完成一次定向越野运动。

(二)思政内容

定方位定人生:学生的大学生活是一场大型的定向越野积分赛,没有规定路线,在完成必打点的同时有无数个自由点,每一名学生都有一份属于自己的独一无二的定向地图。学生要找到目标点,确定方向,快速正确地进行定向越野的打卡,如同人生过程,确定目标和方向,并且为之不断努力。

校园标志性建筑介绍:建筑物是校园定向地图中的重要组成部分,在教师带领学生进行沿点定向的教学过程中,以建筑物为引子,向学生介绍学校标志性建筑的来源等,使学生加深对校园文化的感知,引导学生主动了解学校传统文化,加深对学校的认同感和归属感。

(三)教学地图示例

西北工业大学的校园定向地图。该地图主要由磁北方向标、校园定向地图和部分校园标志性建筑。以三角为起点,虚线为沿点定向的路线,途中经过右侧的各个标志性建筑。教师带领学生经过指定路线时,对途中所遇到的地物对照地图进行讲解,在经过已讲解过的符号时,提问学生,加深学生记忆。

四、教学过程

(一)线上预习

教师将本节课的重要内容提前上传至雨课堂小程序中,提前进行预习。

(二)课堂导入

在我们的校园中,有着各种不同的植被、建筑以及供我们通行的道路。定向地图作为定向越野运动的必需品,这些不同的植被、建筑和道路在专业的定向地图中是怎样表示的呢? 这节课老师将带领同学们一一了解现实场景中的各种物体在专业的定向地图中都是怎样表示的。部分地图符号实景对比示意图如图10-5所示。

(三)课堂内容

结合校园定向地图与校园实景,通过教师讲解和实地观察,使学生掌握基本的识图用图方法,明确定向地图在定向越野过程中的基本作用。介绍本节课的练习内容——沿点定向。这种教学方法是一种教师与学生在定向越野练习的过程中信息等较为同步的教学方法,能够带领学生通过走完一个完整的任务路线,指导学生掌握识图用图技能,同时能够以校园标志性建筑为例,介绍校园文化。

白林

通视通行良好，
通行速度为正常速度的80%~100%

图 10-5 部分地图符号实景对比示意图

(四)课堂流程

以同一张校园地图为内容,教师带领学生以规定顺序和路线依次到达各个
检查点,途中以校园内建筑和地物为主,学习定向地图中各类建筑和地物的符
号。以教师为主导,以一条完整的定向路线为主要内容,以沿点定向途中经过的
场景为主要顺序,结合校园实景和定向地图,将地图符号与实景地物一一对应,
加深学生对定向地图符号的记忆。

途经校园内标志性建筑时,以建筑的历史背景、背后的故事为主线,结合思
政教育的内容,丰富体育课中的课堂思政内容。

(五)课后反思与练习(雨课堂)

教师将本节课的课后练习上传至雨课堂小程序中,学生在课后完成试题。
雨课堂课后复习。

(六)技术要点与要求

(1)沿点定向的过程中教师需控制时间和前进的速度。

(2)关注学生的安全和组织形式,防止学生过于散漫。

(3)注意定向知识讲解的全面性。

五、教学重点与难点

(一)教学重点

(1)教师讲解过程的控制。

(2)强化学生对定向地图符号的掌握。

(二)教学难点

(1)沿点讲解过程中对学生队伍的控制。

(2)学生在听讲过程中注意力分散。

(3)思政内容的融入方式。

六、易犯错误与纠正方法

(一)易犯错误

(1)学生对地图信息的掌握不完全。

(2)对相似地图符号概念混淆。

(二)纠正方法

教师课前充分准备,积极备课。

七、针对性素质练习

(一)柔韧练习

(1)肩部的柔韧练习。

(2)腰部的柔韧练习。

(3)腿部的柔韧练习。

(4)摆臂的练习。

(二)高抬腿接转身快速跑

共 2 组,听老师口令,预备时做好准备,叫开始时做高抬腿,哨声一响转身冲刺 20 m。

(三)放松练习

(1)抖动放松。分别对四肢肌肉进行抖动放松,使肌肉松弛,同时调整呼吸。

(2)伸拉放松。对本次课负荷较大的四肢及腰腹部肌群重点进行伸拉,放松腿部肌肉。

第四节 "定向越野积分赛"教学案例

一、设计背景

从古至今,中国的先辈们流传下来非常多的经典名著,其中包含数不胜数的中华传统美德,指导和激励着中华民族不断向前,奋勇拼搏,创造了一个又一个中国奇迹。本节课参照上节课中《红色诗词——定向越野大挑战》的上课形式，通过定向越野积分赛的方式，进行定向越野课堂教学。

二、教学目标

(一)认知目标

(1)学生能够掌握校园积分定向赛的内涵。

(2)掌握基础的定向越野技术。

(3)具备完整的定向越野知识体系。

(二)技能目标

(1)培养学生的独立思考、迅速反应、果断决策的能力。

(2)培养学生的时间和空间感觉。

(3)通过素质练习，加强下肢力量和核心力量。

(三)情感目标

(1)激发学生学习定向越野的兴趣与热情。

(2)培养学生竞争的意识和克服困难的精神。

(3)培养学生相互学习、相互交流的沟通能力。

(四)思政目标

(1)培养学生的独立思考、迅速反应、果断决策的能力。

(2)加深学生对习近平思想的理解。

(3)增强学生对人生规划的意识，明确人生目标。

三、教学内容

(一)定向技术

(1)检查点信息说明：检查点信息是以习近平总书记的讲话为内容的若干填空题，通过作答题目获取检查点任务信息，题目顺序即为检查点打卡顺序。

(2)教学场地区域：以校园中某一区域为教学区域，制作定向越野专业地图。将学生分为两组，组与组之间使用不同的地图，两张地图区域相同但检查点设置与检查点信息部分不同。要求学生在教学区域内活动。

(3)出发时间安排：教师计时，分组同时进行，每次出发两人，每次间隔 1 min，要求两组之间避免互相观察地图。所有人完成图中任务之后组间交换地图，完成第二次定向任务，要求与上述一致。通过多次练习，培养学生的定向越野专项技能，促进学生身体素质向好发展。

(二)思政内容

(1)做决策懂取舍:学生的大学生活是一场大型的定向越野积分赛,没有规定路线,在完成各类任务时需要自己决定顺序,每一名学生都有一份属于自己的独一无二的定向地图。学生要选择目标点,确定方向,快速正确地进行定向越野的打卡,如同人生过程,确定目标和方向,并且为之不断努力。

(2)新时代新思想学习:中国历史悠久,习近平总书记在讲话中也总是会引经据典,以古人的英雄事迹为主,将古人的精神赋予新时代,督促新时代青年向美向善更好地发展。以习近平总书记重要讲话中提到的古诗等为题,加深学生对中国文化以及精神的理解。

(三)教学地图示例

图 10-6 左侧为课堂教学区域的定向地图,图中包含有起点,终点以及 10 个散落的检查点。右侧为填空题,共 9 道题,其选项为左侧地图中的检查点名称。只有正确作答所有题目,才能够获得准确的打卡信息及顺序,依次到 9 个检查点并完成打卡任务,以用时最少者获胜。

图 10-6　定向大挑战之古语典故地图示例

四、教学过程

(一)线上预习

教师将本节课涉及的内容提前上传至雨课堂小程序中,提前进行预习。

（二）课堂导入

以习近平总书记在讲话中引用的典故为例,讲解其包含的深刻意义,让学生体会当代中国青年的精神,加深学生的爱国情感。随机点名,让学生进行雨课堂线上预习之后对诗词的感悟以及自身的收获等。如图10-7所示。

（三）课堂内容

通过翻转课堂的形式,随机点名让学生讲述自己对课前在雨课堂中提供的内容的理解,加深学生对其中所引用的古代经典诗文的记忆。

讲解定向越野地图的构成:本次课程教学地图以西北工业大学长安校区内适合进行定向越野的空旷地带为教学区域,在区域内设置10个检查点,检查点的点位信息是以红色诗词为内容的选择题答案,学生需首先进行题目的作答获取各检查点的点位信息,根据所获信息进行检查点的寻找并完成打卡。

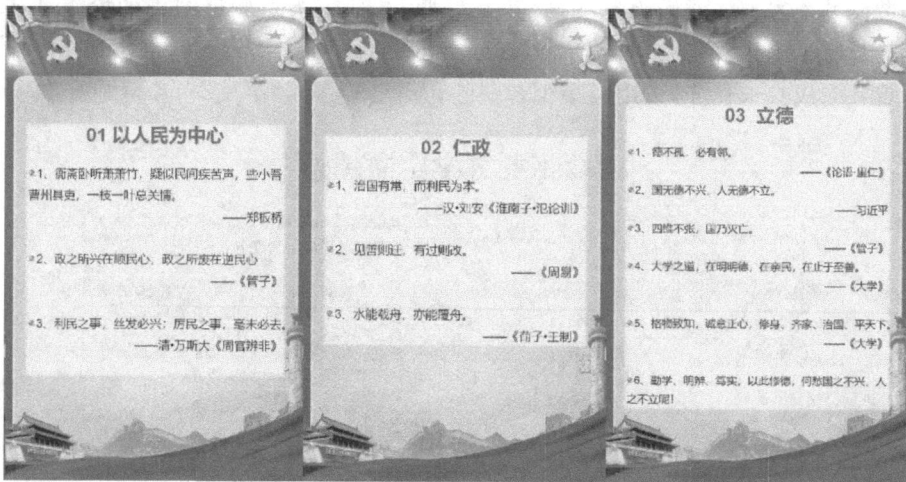

图 10-7　雨课堂线上预习

（四）第一张地图（体验）

学生根据定向地图所给出的基本信息,通过之前课上所学的定向技术,独自完成地图中的任务。通过两张地图的练习,掌握积分定向赛的基本技术,了解定向比赛的基本规则和要求。

练习以个人形式进行。教师讲解完练习规则之后,学生分批次出发,要求学生在保证打卡准确的前提下尽可能快地完成定向挑战。具体组织步骤如下。

（1）教师集中讲解本次课积分定向赛的特点、练习方法和练习要求。

（2）教师把学生分为2组,男生1组,女生1组,每组18～20人。每组面前放置一个地图盒,盒里装有本组的地图和指卡(或笔)。

(3)采用电子打卡设备,给每个学生发放指卡,记录打印成绩(如没有电子设备,教师发给每个学生一张打卡纸,要求每个学生出发前根据教师的报时在自己的打卡纸上记下自己每条路线的出发时间,完成一条路线后,根据教师的报时,在打卡纸上记下自己返回的时间)。

(4)要求学生能够准确跑完一张地图,且能够描述自己选择跑动路线的原因、所考虑到的影响因素。

(5)学生应尽力提高检查点的选择正确率,提高综合决策能力及各项身体素质。

(五)教师教学、示范

教师根据第一次体验过程中学生提出的疑问进行解答,针对学生出现的错误进行纠正。教师介绍定向越野积分赛的技术要点、路线选择时应考虑的因素等,要求学生能够熟练掌握定向越野积分的相关技术。

(六)第二张地图(熟练运用)

学生进行标定地图、旋转地图的练习,逐渐进行提前读图的练习,慢慢掌握跑动节奏。学生提高自身的跑动节奏,教师打印学生成绩。

(七)技术要点与要求

(1)要求学生将答题与点位打卡技术穿插进行,加快挑战速度。

(2)要求点位顺序正确,尽快完成练习。

(3)要求学生熟练掌握拇指辅行法、减少看图次数,提高读图能力。

五、教学重点与难点

(一)教学重点

(1)将习近平思想融入定向课堂中。

(2)学生熟练掌握定向积分赛的技术要点。

(3)加强学生重新定位的能力。

(二)教学难点

(1)学生对检查点信息内容掌握不完全,导致答题时间过久。

(2)学生容易无法判断自身方位。

(3)思政内容的融入方式。

六、易犯错误与纠正方法

(一)易犯错误

(1)学生点位信息获取错误导致成绩无效。

(2)学生跑动过程中自身定位不准确,造成多跑、错跑现象。

(二)纠正方法

(1)要求学生在课前对涉及到的红色诗词加深记忆。

(2)要求学生对之前课程中的教学内容熟练掌握。

七、针对性素质练习

(一)核心力量练习

(1)站立提膝。站立,双手平举,与肩同宽,尽可能地提高左膝,在最高点保持约 3 s,然后缓慢放下,换右腿,动作相同,提起时呼气,落下吸气。

(2)仰卧提腿。仰卧,手放到臀部下方,头稍微离地,(这样可以锻炼颈部肌肉),腿笔直,脚踝伸直,脚跟离地约 15cm,膝盖不要弯曲,缓慢将腿提高,与地面约 45°,保持 3 s,将腿放下。

(二)放松练习

(1)抖动放松。分别对腿部肌肉进行抖动放松,使肌肉松弛,同时调整呼吸。

(2)伸拉放松。对本次课负荷较大的小腿、大腿肌群重点进行拉伸,放松腿部肌肉。

第五节 "短距离定向赛"教学案例

一、设计背景

短距离定向赛是定向比赛的主要形式之一,教学中主要涉及的校园短距离定向赛,是指以校园地图为主体,根据西部红烛精神设计短距离比赛路线,创新体育课堂教学。培养学生扎根基层的教育情怀,勇于担当教育报国使命。

二、教学目标

(一)认知目标

(1)了解短距离定向比赛的流程。

(2)锻炼学生独自决策的能力。

(3)加深对西部红烛精神内涵的理解。

(二)技能目标

(1)培养学生的果断选择的能力。

(2)促进学生对短距离定向赛技术的掌握。

(3)通过素质练习,增强身体素质。

(三)情感目标

(1)激发学生学习定向越野的兴趣与热情。

(2)培养学生勇于争先的精神。

(3)培养学生相互学习、相互交流的沟通能力。

(四)思政目标

(1)培养学生的独立思考、迅速反应、果断决策的能力。

(2)加深学生对西部红烛精神内涵的理解,并将其内化为自身的优良品质。

(3)提高学生对"师"的理解,明确学习目标。

三、教学内容

(一)定向技术

(1)短距离路线决策:短距离定向赛作为定向比赛的主要形式之一,其点位打卡顺序是规定的,在点与点之间的路线选择时,根据地形可有多种选择,在寻找点位准确信息时可根据检查点说明表信息进行判断。

(2)教学场地区域:以校园中某一区域为教学区域,制作定向越野专业地图,将学生分为两组,组与组之间使用不同的地图,两张地图区域相同但检查点设置与检查点信息部分不同。要求学生在教学区域内活动。

(3)出发时间安排:教师计时,分组同时进行,每次出发两人,每次间隔1 min,要求两组之间避免互相观察地图。所有人完成图中任务之后组间交换地图,完成第二次定向任务,要求与上述一致。通过多次练习,培养学生的定向越野专项技能,促进学生身体素质向好发展。

(二)思政内容

(1)定目标选路线:不同专业的学生在完成其培养计划的过程中,需要根据自身培养计划的内容,在学习生活中根据自身特点选择适合自身的学习方式,就像是一场以人生某一阶段的总目标为定向地图,根据不同的小目标点选择适合自身特点的跑动路线一样,最终都是为了完成所有目标任务从而完成该阶段的总目标。

(2)西部红烛精神学习:扎根西部是忠诚祖国、坚守担当的家国情怀;甘于奉献是淡泊名利、无怨无悔的崇高品质;追求卓越是勇攀高峰、力争一流的奋斗品格;教育报国是矢志教育、初心不改的价值追求。将西部红烛精神融入定向教学过程,加深学生的理解。

(三)教学地图示例

图10-8中左侧为课堂教学区域的定向地图,图中包含有起点、终点以及16个规定顺序的检查点,右侧为西部红烛精神的内容,以西部红烛精神的内容为打卡顺序,依次到达点位,以用时最少者获胜。

图10-8 短距离定向赛之红烛精神地图示例

四、教学过程

(一)课堂导入

(1)以西部红烛为题,引导学生对其内容和内涵进行回答,通过教师讲解其内涵以及老教师事迹,引导学生坚定教育强国、教育报国的自觉担当。

(2)短距离定向赛对学生的有氧能力和无氧能力都有一定的要求,且在点与点之间的路线选择上,学生之间的差异不可忽略。在这个过程中,对学生的空间定向、空间记忆等能力具有一定的要求。而每个学生在进行点与点之间的路线选择时都需要根据自身的身体素质以及思维方式,选择适合自己的奔跑路线。在本节课的短距离定向赛的练习中,培养学生从自身角度出发进行决策的能力。

(二)课堂内容

(1)了解西部红烛内涵:通过翻转课堂的形式,随机点名让学生讲述自己对西部红烛精神的认识,结合自身学习过程中的感触,讲述自己作为学生对身边教师教学过程的理解,以及作为其中的一员,对西部红烛精神如何传承和发扬。

(2)讲解短距离比赛规则:本次课程教学地图以西北工业大学长安校区内适合进行定向越野的空旷地带为教学区域,在区域内设置 16 个检查点,规定检查点顺序,学生根据顺序教学点位打卡。以正确顺序以及所有点位为有效成绩的判断依据,点位中间可穿插其他点位,但规定点位顺序必须正确。

(三)教师教学、示范

教师根据第一次体验过程中学生提出的疑问进行解答并针对学生出现的错误进行纠正。教师介绍概略标定地图和拇指辅行方法,并进行示范,要求学生观察教师在示范打卡过程中的方法运用。

(四)短距离地图任务

学生根据以红烛精神为内容的点位顺序进行打卡,根据短距离定向赛的规则要求,独立完成一次地图任务。

练习以个人形式进行。教师带领学生进行充分的热身活动,并讲解短距离定向练习规则,要求学生在保证点位有效的前提下尽快完成。"短距离定向赛练习"组织步骤如下。

(1)教师集中讲解本次课短距离定向赛的特点、练习方法和练习要求。

(2)教师把学生分为 2 组,男生 1 组,女生 1 组,每组 16~18 人。每组面前放置一个地图盒,盒里面装有本组的地图和指卡(或笔)。

(3)采用电子打卡设备,给每个学生发放指卡,记录打印成绩(如没有电子设备,教师发给每个学生一张打卡纸,要求每个学生出发前根据教师的报时在自己的打卡纸上记下自己每条路线的出发时间,完成一条路线后,根据教师的报时,在打卡纸上记下自己返回的时间)。

(4)要求逐渐缩短看图时间,减少看图次数,提高读图能力。

(5)学生应尽力加快点与点之间的奔跑速度,提高反应能力、速度和耐力素质。

(五)技术要点与要求

(1)要求明确短距离定向赛规则要求,依点位顺序进行打卡。

(2)要求点位顺序正确,合理规划路线,尽快完成练习。

五、教学重点与难点

(一)教学重点

(1)通过教师讲解加深学生对西部红烛精神的理解。

(2)学生独立完成一次短距离定向赛活动。

(3)培养学生路线规划的能力。

(二)教学难点

(1)短距离定向赛对参与学生身体素质的要求较高。

(2)学生对地图信息的观察不够全面导致跑动过多。

(3)思政内容的融入方式。

六、易犯错误与纠正方法

(一)易犯错误

(1)学生对相似地物信息识别错误导致点位顺序错误。

(2)学生跑动过程中自身定位不准确,导致点位信息输入不准确。

(二)纠正方法

(1)练习前向学生强调跑动过程中进行多次重新定位。

(2)要求学生在打卡时关注点位打卡器的名称。

七、针对性素质练习

(一)身体素质练习

(1)俯卧撑(15 次×4 组)。

(2)压腿(两边各压 3 min)。

(3)蛙跳(15 m×4 组)。

(4)单足跳(15 m×2 组)。

(二)放松练习

(1)抖动放松。分别对四肢肌肉进行抖动放松,使肌肉松弛,同时调整呼吸。

(2)伸拉放松。对本次课负荷较大的四肢及腰腹部肌群重点进行伸拉,放松腿部肌肉。

思考与练习十

(1)简述"方位角定向"易犯错误与纠正方法。

(2)简述"百米定向"易犯错误与纠正方法。

(3)简述"沿点定向"易犯错误与纠正方法。

(4)简述"定向越野积分赛"易犯错误与纠正方法。

(5)简述"短距离定向赛"易犯错误与纠正方法。

附　　录

附录一　国际定联短距离制图规范

（ISSprOM2019-2）

地形地貌

- 等高线，示坡线
- 计曲线，等高线注记
- 辅助等高线
- 土崖，高土崖
- 土墙
- 冲沟，小冲沟
- 高地，土堆，狭长土堆
- 小凹地，土坑
- 坑洼地面
- 特别坑洼地面
- 特殊地貌特征

岩石

- 禁止穿越的崖（面）
- 禁止穿越的悬崖
- 可通过的石崖
- 岩坑，山洞
- 大石，巨石，石群
- 石块地
- 碎石地
- 沙地
- 裸岩地

水系

- 禁止穿越水域
- 浅水域
- 可穿越的小水道，次要水道
- 狭窄沼泽
- 禁止穿越的沼泽
- 沼泽，模糊的沼泽
- 小喷泉或水井，泉源
- 水坑，特殊水体

技术符号

- 磁北线
- 通过点
- 通过区域
- 禁区、临建区或封闭区

植被

- 空旷地
- 稀乔木、灌木空旷地
- 杂乱空旷地
- 稀乔木、灌木杂乱空旷地
- 树林：好跑
- 植被：慢跑
- 植被：步行
- 植被：难行
- 植被：禁止通过
- 单向可跑植被
- 植被：慢跑，步行视线良好
- 果园
- 葡萄园或类似物
- 耕地，明显种植分界线
- 明显植被分界线
- 独立树，特殊植被

人造特征物

- 铺装主干路（50%棕）
- 铺装辅路（30%棕）
- 多层通道的铺装面
- 稀树铺装地面
- 无铺装道路
- 小路
- 不明显小路
- 窄骑行路
- 桥梁，隧道
- 铁路，电车车轨
- 输电线
- 高压输电线
- 可通过的围墙
- 可过围墙（单侧可见）
- 禁止通过的围墙，通过口
- 可通过的围栏
- 禁止通过的围栏
- 建筑物
- 下可通行建筑、柱子
- 私宅\苗圃\禁区
- 可通过管道，禁止通过管道
- 台阶
- 高塔，小塔
- 石碑，饲料架
- 人造物

附录二　检查点说明符号

（ISCD2018）

相似特征物位置

- ← 西边的
- ↘ 东南边的
- ⩵ 上面的
- ⩵ 下面的
- ⫴ 中间的

点位特征

- 台地
- 山凸
- 山凹
- 土崖
- 采掘场
- 土墙
- 冲沟
- 小冲沟
- 山丘
- 土堆
- 鞍部
- 洼地
- 小凹地
- 坑
- 坑洼地
- 蚁丘
- 石崖
- 岩柱
- 山洞
- 石头
- 石块地
- 石簇
- 碎石地
- 露岩地
- 隘路
- 硬壁沟壑
- 湖泊
- 池塘
- 水坑
- 常年河流
- 时令河流
- 狭窄沼泽
- 沼泽地

检查点说明符号

- 沼泽中硬地
- 井
- 泉
- 蓄水池
- 空旷地
- 半空旷地
- 林地拐角
- 林中空地
- 灌木丛
- 线状灌木丛
- 植被界线
- 独立树丛
- 突出树
- 树桩
- 大路
- 小路
- 林间空隙
- 桥
- 架空电线
- 电线杆
- 隧道
- 围墙
- 围栏
- 出入口
- 建筑物
- 铺筑地
- 废墟
- 管道
- 塔状建筑
- 狩猎台
- 界碑
- 食槽架
- 炭灰地
- 雕塑
- 走廊
- 阶梯
- 禁入区
- × 特殊地物
- 特殊地物

位置特征细节

- 低的
- 浅的
- 深的
- 丛生的
- 空旷的
- 石质的
- 沼泽化的
- 沙漠化的
- 针叶的
- 阔叶的
- 倒塌的
- × 交叉
- 交汇
- 转弯处
- 3 比高
- 5×8 尺寸
- $\frac{2}{3}$ 上下比高
- $\frac{1.0}{3.0}$ 各自比高

检查点方位

- 北侧
- 东北边缘
- 西南部
- 东拐角内
- 南拐角外
- 西南角
- 西末端
- 在上部
- 在下部
- 在顶部
- 在底部
- 脚下
- 两者之间
- 东南脚下

其他说明

- ✚ 医疗站
- 🄳 水站
- 工作人员

	图示	说明
	← 60m → △	从取图处60米后到起点
	← 80m → △	沿必跑路线80米处换图
○	⩵	○ 检查点之间强制通过点
○		○ 检查点间强制通过区域
○	← 90m →	○ 至收口标识后再至终点
○	← 90m →	○ 沿必跑路线90米至终点

参 考 文 献

[1] 张惠红,陶于,李俊.定向运动与野外生存[M].北京:高等教育出版社,2019.

[2] 刘阳.定向运动练习对儿童青少年生产能力改善的作用研究[M].西安:陕西人民教育出版社,2018.

[3] 吴叶海,刘明,金熙佳.定向越野[M].杭州:浙江大学出版社,2019.

[4] 刘小沙.定向越野[M].天津:天津人民美术出版社,2016.

[5] 李国军,吴磊,张新安.定向越野教程[M].北京:北京体育大学出版社,2019.

[6] 张晓威.定向越野[M].北京:机械工业出版社,2019.

[7] 刘阳.户外定向[M].北京:中国原子能出版社,2018.

[8] 沈荣桂,甘盛俊.军事地形学与定向运动[M].北京:军事科学出版社,1999.

[9] 苏燕生.无线电"猎狐"和全程定向越野训练学[M].北京:国防大学出版社,2010.

[10] 张宝帆.定向运动与野外生存[M].天津:天津大学出版社,2001.

[11] 何晓知.定向运动[M].长沙:湖南大学出版社,2005.

[12] 王翔.定向运动[M].2版北京:高等教育出版社,2009.

[13] 何晓知.定向运动教学与训练[M].长沙:湖南大学出版社,2009.

[14] 刘玉江.定向运动教学与训练[M].成都:西南交通大学出版社,2015.

[15] 张晓威.定向越野[M].北京:星球地图出版社,2003.

[16] 张文清,肖波,陈满兰.定向越野与地形[M].北京:中国经济出版社,2006.

[17] 郭俊清,杜春华.野外生存与定向越野[M].哈尔滨:黑龙江人民出版社.2007.

[18] 陈瑜,方信荣,尹红松.不多走一步路:定向越野[M].南京:东南大学出版社,2005.

[19] Goran Andersson.定向运动[M].广州:军事谊文出版社,2002.

[20] 韩宏义.大学生野外生活生存训练[M].南京:浙江科学技术出版社,2004.

[21] 罗比.户外运动现在进行时[M].济南:山东友谊出版社,2003.

[22]　刘晓莉.中国红色体育[M].北京:人民日报出版社,2016.

[23]　王增明,曾彪.中国红色体育史[M].西安:西北大学出版社,2013.

[24]　包燕,彭苇莉,王成龙.新课标背景下定向越野校本课程对学生地理实践力的培养[J].中国教育学刊,2024(增刊 1):47-49.

[25]　赵富学,李林,丰涛.体育课程思政建设的内生素材向优质案例转化研究[J].体育学研究,2022,36(6):78-87.

[26]　郭建宇.文化自信与当代中国[J].北京大学学报(哲学社会科学版),2018(2):57-61.

[27]　王静仪,刘建进.社会主义核心价值观教育融入高校体育的逻辑、价值和路径[J].体育学刊,2021,28(1):14-19.

[28]　崔丽丽,刘冬磊,张志勇.高校体育课程思政教学改革的价值意蕴、践行方向与保障机制[J].北京体育大学学报,2022(6).

[29]　任海.聚焦生活,重塑体育文化[J].体育科学,2019,39(4):3-11.

[30]　魏源,程传银.红色资源融入高校体育课程思政的价值定位、目标指向与实践路径[J].体育文化导刊,2022(8):14-20.

[31]　柴立森,张锐.价值耦合:体育课程思政的学理内蕴与实践路径的研究[J].北京体育大学学报,2022(6):73-85.

[32]　高晓峰.体育课程思政的历史传承、理论内涵与实践路径[J].北京体育大学学报,2022(6):36-47.

[33]　蔡珍珍,彭洲恩,范冠玺.新时代高校体育课程思政体系的构建[J].体育教育学刊,2022,38(3):1-7.

[34]　周静.中国共产党对红色文化的传承与创新研究[D].南京:南京大学,2021.